Christopher Edge · Nathan Reed

Deine Idee, deine Geschichte

In 12 Schritten zum eigenen Buch

Loewe

INHALT

Christopher Edge · Nathan Reed

Deine Idee, deine Geschichte

ISBN 978-3-7432-1215-2
1. Auflage 2022
erschienen unter dem Originaltitel *How To Write Your Best Story Ever* © 2015 Oxford Publishing Limited
Text © 2015 Christopher Edge
Illustrationen © Nathan Reed
Für die deutschsprachige Ausgabe © 2022 Loewe Verlag GmbH, Bühlstraße 4, D-95463 Bindlach
Aus dem Englischen übersetzt von Eva Hierteis
Umschlagfoto (Zettel): © macrovector/freepik.com
Umschlaggestaltung: Jennifer Wunderwald
Printed in the EU

www.loewe-verlag.de

VORWORT

Du hast vor, eine tolle Geschichte zu schreiben? Egal, was dir vorschwebt – ein actiongeladenes Abenteuer mit skrupellosen Spionen und Superschurken, eine herzzerreißende Lovestory über zwei verknallte Roboter oder ein urkomischer Tagebuchroman über den größten Freak der Schule –, hier findest du alles, was du dafür wissen musst.

Es gibt jede Menge Tipps und Tricks, wie man auf großartige Figuren, tolle Schauplätze und irre spannende Plots kommt. Durchforste die Wortnetze, um ausgefallene und wunderbare Wörter zu entdecken, durch die deine Geschichte den **WOW**-Effekt bekommt, und lass dich von Zitaten aus großartigen Büchern und den guten Ratschlägen eines Kinderbuchautors inspirieren.

Die richtig großen Schriftsteller kennen bestimmt alle Regeln beim Schreiben, scheuen sich allerdings auch nicht davor, sie zu brechen. Nicht mal über langweiligen Grammatikkram musst du dir einen Kopf machen, denn die Alarmstufe-Rot-Infokästen helfen dir, Fehler zu vermeiden und das Beste aus deiner Geschichte rauszuholen.

Jetzt braucht es nur noch ein bisschen Fantasie. Worauf wartest du also? Blättere um und leg mit deiner genialsten Geschichte ever los!

Christopher Edge

SO NUTZT DU DIESES BUCH OPTIMAL

Dieses Buch besteht aus zwei Teilen, beide randvoll mit jeder Menge **genialen Ideen** und **tollen Tipps**.

Im **ersten Teil** wird genau erklärt, wie man eine Geschichte vom Anfang bis zum Ende schreibt: von der Ideenfindung bis hin zur letzten Überarbeitung des Textes – und natürlich ALLES ANDERE dazwischen!

In **Teil zwei** lernst du, wie man verschiedene Arten von Geschichten angeht, von **Abenteuern** über **Krimis** bis hin zu **Comic-Strips** und **genreübergreifenden Geschichten**. Du kannst das Buch entweder von vorne bis hinten durchlesen oder dir ganz gezielt die Kapitel herauspicken, die für dich von Interesse sind.

WORTNETZE

In den Wortnetzen kannst du auf Entdeckungstour nach coolen Wörtern für deine Geschichte gehen, von actiongeladenen Verben bis hin zu abgefahrenen Adjektiven. Nutze die Netze als Ausgangspunkt, um dein ganz eigenes kreatives Vokabular zu entwickeln. Und wenn mal nicht das Richtige dabei ist, dann schlag in einem Wörterbuch oder Thesaurus nach. Die beiden Wörterbuch- und Thesaurus-Figuren werden dir hier noch öfter begegnen und erinnern dich daran!

Autorentipp

Falsche Fährten sind Hinweise, die in die Irre führen – baue ein paar davon ein, um Ermittler und Leser hinters Licht zu führen.

AUTORENTIPP

Wenn du mal nicht weiterkommst, hol dir einen Rat bei dem preisgekrönten Kinderbuchautor Christopher Edge.

ALARM STUFE ROT!

ALARMSTUFE ROT

Brauchst du Hilfe bei **Rechtschreibung, Grammatik** oder **Zeichensetzung**? Bei Alarmstufe Rot kriegst du alle nötigen Infos, um deiner Geschichte den letzten Schliff zu geben.

Ein Nebensatz ist ein Satzglied mit eigenem Verb.

- Ein Satz kann einen oder mehrere **Hauptsätze** enthalten, die durch Konjunktionen wie **und, oder, aber, doch** verbunden oder durch Kommas abgetrennt sind.
- Ein **Nebensatz** wird mit einer Konjunktion wie z. B. **weil** oder **wenn** eingeleitet und kann vor oder nach dem Hauptsatz stehen.
- Ein **Relativsatz** erklärt oder beschreibt etwas direkt davor Genanntes und wird z. B. von **der, die, das, dessen** oder **deren** eingeleitet.

Mit kurzen, knackigen Sätzen kann man den Leser aufrütteln oder schocken, mit langen eher Spannung aufbauen.

INSPIRATIONS QUELLE

INSPIRATIONSQUELLE

Nimm dir ein Beispiel an großartigen Büchern und lass dich von tollen Kinderbuchautoren inspirieren. Probiere deren Techniken in deinen eigenen Geschichten aus.

Vergleiche und Metaphern können für noch mehr Spannung sorgen.

Poirot sperrte die Tür von innen ab und begann das Zimmer gründlich zu durchsuchen. Mit der Flinkheit eines Grashüpfers sprang er von einem Gegenstand zum anderen, während ich aus Angst, Spuren zu verwischen, an der Tür stehen blieb. – *DAS FEHLENDE GLIED IN DER KETTE* von Agatha Christie

Eine schlanke Gestalt mit schwarzem Mantel schlich sich ins Zimmer wie ein Dieb und hielt nach jedem Schritt inne, während das Ticken der Standuhr in der Ecke mit ihrem wild pochenden Herzen im Takt schlug. – *TWELVE MINUTES TO MIDNIGHT* von Christopher Edge

DIE ZÜNDENDE IDEE

Keinen Plan, was du schreiben sollst? Dann brauchst du Anregungen, um deine Fantasie auf Trab zu bringen!

Inspiration findet man überall, von Zeitungsschlagzeilen wie RÖMISCHE SOLDATEN UNTERWEGS AUF ENGLANDS SPUKAUTOBAHN bis hin zu aufgeschnappten Gesprächsfetzen wie: „Also habe ich ihm gesagt, wenn er ein Vampir werden will, muss er erst mal sein Gemüse essen …“

Auch Orte, die man besucht oder auch nur im Fernsehen sieht, wie schaurige Burgen oder High-Tech-Zentralen, können einen auf ein tolles Setting bringen; genauso wie einen Leute, die man kennt oder die einem auf der Straße begegnen, für Figuren inspirieren können.

Halte also immer Augen und Ohren offen, dann fliegen dir die Ideen nur so zu!

DIE SPRACHE DER GENRES

Eine bestimmte Art von Geschichte nennt man Genre. So gibt es Thriller, Liebesgeschichten, Fantasy oder historische Romane. Dir stehen viele verschiedene Genres zur Auswahl. Guck dir das Wortnetz genau an, um zu entscheiden, wo deine Geschichtenidee hinpasst. Du kannst auch mehr als eine „Schublade“ auswählen!

Autobiografie
Mystery
Liebesgeschichte
Schauergeschichte
Science-Fiction
Spionage
Krimi
Märchen
Abenteuer
Schule
Detektive
Drehbuch
Tagebuch
Horror
Fabel
Grusel
Comic
Thriller
Historie
Skript
Theaterstück
Tiere
Genremix
Fantasy
Mythologie
Komödie
Sport
Geister

Nimm immer ein Notizheft oder Handy mit, um Ideen zu notieren. Manchmal ist es vielleicht nur ein Wort oder eine Formulierung, das beziehungsweise die dir ins Auge sticht, ein Bild, das dir durch den Kopf schießt, oder ein zufälliger Gedanke.

Mithilfe bestimmter Fragen kannst du aus deiner Grundidee dann einen Plot entwickeln: Was, wenn Mama in der Lage wäre, meine Gedanken zu lesen? Wie könnte eine kleine Katze einen Grizzly besiegen?

Meist denkt man sich die Handlung nicht in einem Rutsch aus. Erst durch die Verknüpfung verschiedener Ideen, Figuren und Schauplätze entwickelt sich eine originelle Story. Mach dir keinen Kopf, wenn du noch nicht alles komplett ausgearbeitet hast. Vielleicht weißt du erst, wie es ausgeht, wenn du beim Schreiben dort angelangt bist!

INSPIRATIONSQUELLE

Wozu könnten dich die folgenden Zeilen inspirieren?

Heute ist der eine Tag im Jahr, an dem der Zutritt bei Todesstrafe verboten ist.
— *STRAVAGANZA: STADT DER MASKEN* von Mary Hoffman

Bald darauf erscholl ein Klang, der zugleich der melodischste und wehmütigste der Welt war: Meerjungfrauen, die den Mond anriefen.
— *PETER PAN* von J. M. Barrie

Autorentipp

Träum ruhig öfter mal vor dich hin. Manchmal kommt einem die zündende Idee beim Aus-dem-Fenster-Gucken. Und wenn dich dein Lehrer fragt, was du da machst, sag einfach, du bist gerade superfleißig und denkst dir eine Geschichte aus!

Leg dir ein Notizheft neben das Bett und schreib deine Träume auf, wenn du aufwachst.

Jede Geschichte handelt von jemand oder etwas. Nomen bezeichnen Personen oder Dinge. Hier sind verschiedene Arten von Nomen, die du brauchen wirst:

- **Eigennamen** benennen bestimmte Lebewesen, Orte oder Gegenstände.
  James   Afrika   Freitag
- **Gattungsnamen** beziehen sich auf Lebewesen oder Dinge allgemein.
  Hund   Schatz   Brücke
- **Konkrete Nomen** beziehen sich auf Personen oder Dinge, die man sehen, anfassen, riechen, hören oder schmecken kann.
  Stift   Banane   Regen   Strand   Melodie
- **Abstrakte Nomen** benennen Vorstellungen, Emotionen und Zustände – Dinge, die man weder sehen noch anfassen kann.
  Gefahr   Freude   Freundschaft

Schritt 1:
DIE FIGURENENTWICKLUNG

Großartige Geschichten handeln von interessanten Figuren. Mithilfe eines Charakterprofils kann man sich ein genaues Bild von den verschiedenen Figuren seiner Geschichte machen.

Denk daran, dass deine Figuren sich voneinander absetzen müssen, und bring deine Leser nicht beispielsweise damit durcheinander, dass dein Held und dein Bösewicht sich ähnlich sehen – es sei denn, das ist wichtig für die Handlung.

Charakterprofil

Du solltest festlegen:

Wie sehen die Figuren aus?
– Welche Unterscheidungsmerkmale gibt es?

Wie sprechen und was sagen sie?
– Ist jemand ein Großmaul oder eher ein schüchtern flüsterndes Mäuschen?

Was tun und denken sie?
– Sagen ihre Taten mehr als ihre Gedanken?

Was wollen sie und warum?
– Was ist ihr Ziel und wie erreichen sie es?

Wie reagieren andere Figuren auf sie?
– Haben sie Angst vor ihnen, sind sie Freunde oder finden sie sie blöd?

Verändern sie sich im Lauf der Geschichte?
– Inwiefern sind sie am Ende anders und warum?

Die Sprache der Figurenentwicklung

Mit welchen Wörtern aus dem Netz lassen sich die verschiedenen Personen in deiner Geschichte beschreiben?

untersetzt
gebrechlich
feingliedrig
narbig
hoch aufgeschossen
unrasiert
schick
rundlich
aufgedunsen
fett
grazil
schrumpelig
herzförmig
knochig
verkniffen
blass
lässig
mondän
zerfurcht
verbraucht
schmächtig
hager
sportlich
schlaksig
bullig
abgespannt
verpickelt
modisch
farblos
fahl
auffällig
protzig
leicht gebräunt
schamrot
struppig
faltig
sehnig
verhärmt
olivbraun
strahlend
glamourös
zerlumpt
schlank
anmutig
sommersprossig
klein
muskulös
zierlich
groß
kümmerlich
schwerfällig
spindeldürr
sportlich
rosig
schlaff
pickelig
fleischig
markant
braun gebrannt
rotgesichtig
teigig
pockennarbig
schmal
ausgemergelt
frisch rasiert
wettergegerbt
altbacken
drahtig
altmodisch
runzelig
elegant
dünn
bleich
stylish
glanzlos
makellos
stämmig
schäbig
korpulent
gut gebaut
kräftig

Mach deinen Protagonisten zum Star deiner Geschichte! Deine Hauptfigur sollte die Handlung vorantreiben. Ob sie sich nun gegen den größten Fiesling der Schule stellt oder eine Armee gegen außerirdische Eindringlinge anführt – ihr Handeln sollte zeigen, wie sie tickt.

Übrigens solltest du deine Figuren mit Stärken UND Schwächen ausstatten. Hat dein Held eine Schwachstelle wie eine heimliche Spinnenphobie? Kannst du deinem Bösewicht auch positive Eigenschaften verleihen, um ihn damit vielschichtiger zu machen (z. B. dass er jeden Tag mit seiner Oma telefoniert)?

INSPIRATIONSQUELLE

Beschreibende Details vermitteln dem Leser sehr schnell einen Eindruck von einer Figur.

Chudleigh Pomeroy kam hereingestürzt, das Toupet verrutscht und das Gesicht krebsrot vor Empörung. — MORTAL ENGINES: KRIEG DER STÄDTE von Philip Reeve

Malfoy warf Professor Lupin einen überheblichen Blick zu und ließ die Augen über die Flicken auf seinem Umhang zu dem zerbeulten Koffer wandern. — HARRY POTTER UND DER GEFANGENE VON ASKABAN von J. K. Rowling

Autorentipp

Allein die Namen der Figuren sagen oft schon einiges über sie aus. Was würdest du erwarten, wie eine Königin namens Schwippsiwipsi drauf ist?

Und wie stellst du dir einen Alien namens Wabbel vor?

Adjektive geben mehr Informationen zu einem Nomen. Auf diese Weise kannst du die Personen in deiner Geschichte näher beschreiben.

Der kleine grüne Alien beamte den verängstigten Schüler weg.

Die Adjektive **klein** und **grün** beschreiben den Alien, das Adjektiv **verängstigt** gibt mehr Informationen über den Schüler. Adjektive stehen normalerweise vor dem Nomen.

Schritt 2:
DAS SETTING

Wo spielt deine Geschichte? Und wann? Egal, ob du einen Agentenroman oder ein Fantasyabenteuer, eine Science-Fiction-Saga oder eine wuschelige Tiergeschichte schreibst: Das Setting, für das du dich entscheidest, hat großen Einfluss auf deine Story.

Spielt deine Geschichte an einem realen Ort? Dann sieh dich dort um und notiere dir Details, die du einbauen könntest. Neben der puren Optik helfen Geräusche, Gerüche und andere Sinneseindrücke dem Leser, sich den Ort besser vorzustellen.

Natürlich kannst du mithilfe des Internets auch die ganze Welt erkunden. Wenn deine Story in New York spielt, dann unternimm einen virtuellen Spaziergang durch die Straßenschluchten, um Dinge zu entdecken. So wirkt alles gleich viel plastischer und lebendiger.

Die Sprache des Settings

Die Wörter im Netz sollen dich auf Ideen für interessante Schauplätze bringen. Überlege dir, wie du sie beschreiben kannst, damit die Leser sie bildlich vor Augen sehen.

Deich
ausgedehnt
Grasland
Wiese
Schlucht
brachliegend
trostlos
eingezäunt
zerklüftet
Felswand
fruchtbar
Tundra
geschützt
hügelig
ungeschützt
weit
Vollmond
Pfad
ärmlich
Gebirgskette
Oase
Marsch
Sumpfgebiet
Kanal
Wasserstelle
Savanne
Hügel
Rinnsal
Halbinsel
ausgedörrt
Düne
amm
Fluss
Brachland
Acker
imposant
Gebirgskamm
Tal
Lagune
Anhöhe
Gestrüpp
saftig
Wald
Senke
kahl
Damm
bewässert
prachtvoll
Ruine
Quelle
Strand
Morast
unwirtlich
ng
Unterholz
Buschland
erodiert
Ebene
Brücke
Bach
felsig
Heide
Treibeis
Einöde
baumlos
Meeresarm
Seitenarm
Steppe
Plateau
Fjord
Berg
Feld
Abhang
Regenwald
weitläufig
Abgrund
Gletscher
Flussufer
Hochebene
Geröllfeld
windumtost
bewaldet
Insel
Wüste
verfallen
Mondlandschaft
Ödnis
unfruchtbar
Weide
gepflügt
Treibsand
Felsvorsprung
Weg
Weiher
Felsspalte
kompakt
morsch
gebirgig
See
Hohlweg
Bucht
Erhebung
steinig
Böschung
gezackt
wild
Moor
Grotte
sonnenbeschienen
Geysir
wild
Erhebung
üppig
Abbruchkante
Klippe
bewirtschaftet
Pass
Teich
Gletscherspalte
bröckelnd
Meerenge
Höhle
Steilküste
steil
schattig
Strom

Sollte deine Geschichte in der Vergangenheit spielen, dann lies Sachbücher über diese Zeit, um mehr darüber zu erfahren, und suche nach Bildern, damit du eine genauere Vorstellung bekommst.

Wenn du Fantasy oder Science-Fiction schreibst, zeichne eine Karte der von dir erschaffenen Welt. Von einsamen Gebirgen bis hin zu Wolkenstädten: Den Weg deiner Protagonisten zu veranschaulichen, bringt dich vielleicht auf Ideen für weitere tolle Schauplätze.

Das Wetter kann die Stimmung einer Figur widerspiegeln.

Der Himmel grollte laut über ihnen und es regnete so stark, dass das Wasser nur so auf die Straße prasselte und sich überall kleine Bäche bildeten. – ***DER JUNGE AUS LONDON*** von Michelle Magorian

Draußen wütete das Gewitter. Regen peitschte gegen die Fenster, der Wind heulte durch die Telegrafendrähte. – ***GRANNY NOTHING*** von Catherine MacPhail

In jenem Sommer brannte der Glutofen der Sonne so heiß, dass sich alle Umrisse auflösten. – ***THE OPPOSITE OF CHOCOLATE*** von Julie Bertagna

ALARM STUFE ROT!

Präpositionen zeigen, wie Dinge in Zusammenhang stehen. Sie bestimmen die Lage von Dingen, den Zeitpunkt eines Geschehens oder die Art und Weise, wie etwas getan wird.

Das Wasser schwappte über den Rand des Waschbeckens und ergoss sich wie Miniatur-Niagarafälle auf den Küchenboden. – *MIESEL UND DAS GLIBBERMONSTER* von Ian Ogilvy

Die Präpositionen **über** und **auf** zeigen genau, wie das Wasser vom Becken auf den Boden schwappt.

Hier findest du weitere Präpositionen, die dir helfen, dem Leser ein eindrückliches Bild des Settings zu vermitteln:

oberhalb, gegenüber, hinter, unter, neben, zwischen, in, nahe, auf, aus, durch, nach, vor

Autorentipp

Du schreibst Fiktion, keinen Reiseführer. Versuche also, die Details des Settings geschickt in die Handlung einzuweben, z. B.: „Verzweifelt versuchte er, mit den Fingern am bröckelnden Fels Halt zu finden, während der Mörder ihn erneut ins Visier nahm."

Stell dir deine Figuren an deinem Schauplatz vor. Was könnten sie dort machen? Wie reagieren sie?

Versuche zu beschreiben, was sie sehen, hören und riechen.

Schritt 3:

DER PLOT

Gut möglich, dass du tausend Ideen im Kopf hast, doch du musst sie zu einem Plot strukturieren. Der Plot besteht aus den Dingen, die in deiner Geschichte passieren, und zwar in logischer Reihenfolge angeordnet.

Dabei gibt es Anfang, Hauptteil und Schluss. Überlege dir, welches Ereignis alles ins Rollen bringt und wo deine Figuren am Ende stehen sollen. Dann erstellst du eine Liste von allem, was sonst noch geschieht.

Beim Plotten ist es wie beim Bergsteigen: Jedes Ereignis, jeder Schritt sollte auf dem vorherigen aufbauen. Es kann Wendungen geben, wenn die Personen mit Problemen oder Herausforderungen konfrontiert werden, und Spannungshöhepunkte, wenn sich dramatische Dinge ereignen.

Die Sprache des Plots

Die Wörter im Netz helfen dabei, dir über den Aufbau deiner Geschichte klar zu werden.

Mach den Plot deiner Geschichte bildlich sichtbar, bevor du mit dem Schreiben loslegst. Du kannst z. B. einen Ablaufplan mit Pfeilen anfertigen, die zeigen, wie die verschiedenen Ereignisse zusammenhängen.

Oder wie wäre es mit einer Grafik, um die Handlung zu planen? Jede Spitze könnte dabei für ein Geschehen stehen, bei dem die Spannung steil ansteigt. Die Ausschläge werden immer höher, wenn die Geschichte auf den Höhepunkt zusteuert.

INSPIRATIONSQUELLE

Den Wendepunkt deines Plots könnte ein dramatisches Ereignis markieren, das alles ändert.

Mildred murmelte einen Zauberspruch – und weg war Ester. Stattdessen stand dort nun ein graurosa Schweinchen.
– *EINE LAUSIGE HEXE* von Jill Murphy

Um die Mittagszeit wimmelte es nur so von Männern, Frauen und Kindern, die schubsten und drängelten, um einen Blick auf die Wunderfrucht zu erhaschen.
– *JAMES UND DER RIESENPFIRSICH* von Roald Dahl

Autorentipp

Was passiert als Nächstes? Was würde meine Figur jetzt tun? Wie befreit sie sich aus dieser Lage? Die Antworten auf Fragen wie diese zu finden, hilft dir, wenn du mal nicht weiterkommst.

Denk in alle Richtungen: Manchmal führt die verrückteste Idee zur richtigen Lösung.

Vielleicht behebt die Einführung einer neuen Figur das Problem.

Konjunktionen verbinden Wörter, Satzteile oder Teilsätze. Konjunktionen können dir aber auch helfen, deine Geschichte zu strukturieren. Verknüpfe Ereignisse und Ideen so, dass dein Plot Sinn ergibt.

- Nebenordnende Konjunktionen verbinden Teilsätze, Satzteile und Wörter, die im Satz die gleiche Wichtigkeit haben.
  Der Premierminister wurde entführt und Lucy versucht, ihn zu retten.

  Zu den nebenordnenden Konjunktionen zählen z. B.:
  und aber oder weder … noch doch denn

- Unterordnende Konjunktionen leiten einen untergeordneten Satz (Nebensatz) ein. Er ist nicht so wichtig wie der Hauptsatz.
  Die Entführer machen Jagd auf Lucy, weil sie sie für die Tochter des Premierministers halten.

  Zu den unterordnenden Konjunktionen gehören:
  dass nachdem obwohl als weil bevor
  da wenn außer falls sodass während
  ob damit bis

Schritt 4:
DIE ERZÄHLPERSPEKTIVE

Wer erzählt deine Geschichte? Welche Stimme soll der Leser hören? Eine Möglichkeit besteht darin, aus der Sicht einer der Figuren zu schreiben und dabei die Wörter „ich“ und „wir“ zu verwenden. Diese Person könnte ein witziger Detektiv, eine mutige Astronautin oder gar ein Popel sein, der jemandes Nase entfleucht ist!

Mit einem Ich-Erzähler zu arbeiten bedeutet, dass alles, was passiert, aus dem Blickwinkel dieser Figur geschildert wird. Aus dieser Perspektive erzählte Geschichten wirken tendenziell sehr real und spannend und die Leser können sich gut in die Figur und deren Gedanken und Gefühle hineinversetzen.

Überlege, welche Wörter deine Figur benutzen würde, um alles aus ihrer Sicht zu schildern.

Man kann dieselbe Geschichte sogar aus der Perspektive zwei verschiedener Personen erzählen – das eignet sich z. B. toll für Liebesgeschichten!

Die Sprache der Erzählperspektive

Wenn du dich für einen Ich-Erzähler entscheidest, dann überlege dir, welche Stimme, welchen Tonfall du ihm geben möchtest.

glücklich aufgeregt begeistert freundlich

frech verletzend pampig einfältig wagemutig

sanftmütig verärgert traurig albern zurückhaltend

gereizt zornig sarkastisch missgünstig kühn klug

mürrisch couragiert ängstlich romantisch zweiflerisch düster

langweilig fröhlich witzig launisch verlegen nachdenklich

geheimnisvoll undurchschaubar finster

einfühlsam arrogant besonnen intelligent

Wenn du die Geschichte nicht aus der Sicht einer der Figuren erzählen willst, kannst du auch in der dritten Person schreiben und stattdessen mit „er/sie/es“ und im Plural „sie“ arbeiten.

Falls du die unterschiedlichen Sichtweisen verschiedener Personen zeigen möchtest, kann der Leser so die Geschichte aus mehreren Blickwinkeln betrachten. Du kannst zwischen verschiedenen Personen hin- und herspringen, in deren Köpfe hineinsehen und ihre Gedanken und Gefühle schildern oder aber auch nur das Innenleben einer einzigen Person beschreiben.

Egal, ob du deine Geschichte nun in der ersten oder dritten Person erzählst, wichtig ist, dass du dann auch dabei bleibst, denn zwischen verschiedenen Erzählperspektiven zu wechseln, bringt die Leser nur durcheinander.

Sieh dir die zwei Textbeispiele an. Eines ist in der ersten, eines in der dritten Person geschrieben. Wo liegt der Unterschied?

Lilly sagt, ich hätte zu viel Fantasie und das krankhafte Bedürfnis, ein Riesendrama aus allem zu machen.
— *PLÖTZLICH PRINZESSIN* von Meg Cabot

Lilly sagte zu Mia, sie hätte zu viel Fantasie und das krankhafte Bedürfnis, ein Riesendrama aus allem zu machen.

Autorentipp

Vermische die Zeiten nicht, weder in einzelnen Sätzen noch in der ganzen Geschichte, sondern versuche, entweder in der Vergangenheit oder Gegenwart zu bleiben, um die Leser nicht zu verwirren.

Egal, ob Präteritum oder Präsens: Wähle die Erzählzeit aus, die am besten für die Geschichte passt.

Die Zeitform des Verbs gibt Auskunft darüber, wann die Aktion des Verbs stattfindet. Du kannst deine Geschichte in der Vergangenheit oder der Gegenwart schreiben.

- Das **Präsens** (Gegenwartsform) verwendet man für Dinge, die jetzt gerade passieren.

  Bilbo klettert auf den Berg.
  Die Zwerge sind glücklich.
  Der Drache reckt die Nase in die Luft.

Schreibt man im Präsens, hat der Leser das Gefühl, die Ereignisse zu beobachten, während sie stattfinden.

- Mit dem **Präteritum** schildert man ein Geschehen, das früher (in der Vergangenheit) passiert ist. Meist wird es mit der Endung **-te** gebildet.

  Bilbo kletterte auf den Berg.
  Der Drache reckte die Nase in die Luft.

Achtung: Manche Verben ändern im Präteritum ihre Form komplett.

ist ⟶ war   geht ⟶ ging   denkt ⟶ dachte

Schritt 5:
DER ANFANG

Eine gute Geschichte sollte die Leser von der ersten Zeile an in ihren Bann ziehen. Das heißt nicht, dass eine Story mit einem Paukenschlag beginnen muss – obwohl das natürlich durchaus eine Möglichkeit ist.

Ein Krimi könnte mit einem Leichenfund starten, während eine Komödie mit irgendetwas Witzigem beginnen sollte, sodass die Leser gleich den ersten Lachkrampf kriegen. Egal, welche Art von Geschichte du erzählst, versuche von Anfang an, den richtigen Tonfall zu treffen.

Die Sprache des Anfangs

Überlege, wie du solche klassischen Einstiegssätze abändern könntest, um deine Leser zu überraschen.

Es gibt diverse Möglichkeiten, in eine Geschichte einzusteigen, z.B.:

- **Beschreibung**: Stelle Figuren und das Setting deiner Story vor.
- **Action**: Wirf deine Leser mitten in ein aufregendes Geschehen.
- **Dialog:** Lass die Leser die Stimmen deiner Charaktere hören.
- **eine verblüffende Frage oder Aussage** wie „‚Vorsicht, bissige Maus' stand auf dem Schild am Tor."

Autorentipp

Egal, für welchen Einstieg du dich entscheidest, das Ganze muss sofort den Plot lostreten. Mach deine Leser neugierig, sodass sie unbedingt wissen wollen, wie es weitergeht.

Wenn nötig, überarbeite deinen Anfang noch mal. Feile so lang an den ersten Zeilen, bis jedes Wort sitzt!

INSPIRATIONSQUELLE

Tolle Einstiegssätze fesseln die Leser auf Anhieb.

Es war ein düsterer, stürmischer Nachmittag im Frühling und im ausgetrockneten Bett der alten Nordsee machte London Jagd auf eine kleine Bergbaustadt. — MORTAL ENGINES: KRIEG DER STÄDTE von Philip Reeve

Das Erste, was man checkt, wenn der Hund sprechen lernt, ist, dass Hunde nicht viel zu sagen haben. — NEW WORLD: DIE FLUCHT von Patrick Ness

Wenn ihr Geschichten mit Happy End mögt, dann lest lieber ein anderes Buch. — EINE REIHE BETRÜBLICHER EREIGNISSE: DER SCHRECKLICHE ANFANG von Lemony Snicket

ALARM STUFE ROT!

Absätze gliedern einen Text und machen ihn so leichter lesbar und besser verständlich.

Fange einen neuen Absatz an, wenn du über etwas anderes zu schreiben beginnst, wie z. B. über eine andere Person, einen anderen Ort oder ein neues Ereignis.

Schritt 6:
DIE ACTION!

Wenn in deiner Geschichte richtig gut gemachte Kampfszenen, Verfolgungsjagden und gewaltige Explosionen vorkommen, werden sich die Leser fühlen, als würden sie einen Blockbuster anschauen.

Deshalb überlege dir gut, was genau passieren soll, ehe du eine Actionszene in Angriff nimmst.

Was hältst du davon, sie vorher mit Actionfiguren oder Spielzeugautos nachzustellen oder selbst zu spielen, um alles richtig realistisch beschreiben zu können?

Dabei muss man aber nicht jeden einzelnen Schlag oder Tritt schildern. Einige konkrete Details reichen, damit die Leser sich ein Bild machen können.

Die Sprache der Action

Überlege dir, welche Verben sich eignen, damit die Leser die Action bildlich vor sich sehen.

rasen herumwirbeln zerren rennen

zusammenprallen schießen klirren humpeln

hervorspringen hasten packen

zerschmettern kicken angreifen schlittern

katapultieren schlagen hochschnellen

schleichen reißen ausweichen ducken

durchrütteln versperren explodieren ringen kämpfen

ausweichen stürmen flitzen ergreifen

wegbeamen

schnappen

stoßen

fallen

jagen stolpern

kauern

stürzen

Gas geben

herabschießen fliegen entgehen zurückweichen

verprügeln attackieren zerstören boxen

hechten herumfahren zusammenkrachen

klettern schleudern schwanken

So spannend eine Verfolgungsjagd auf der Leinwand ist, so sterbenslangweilig kann es sein, wenn in einem Buch exakt dieselbe Verfolgungsjagd über Seiten hinweg beschrieben wird. Darum halte für den ultimativen Kick deine Actionszenen kurz.

Vermeide auch gängige Klischees, wie z. B. deinen Helden ohne einen Kratzer aus einem explodierenden Haus rausspazieren zu lassen, sondern baue Details ein, die die Sinne der Leser ansprechen, damit sie einen plastischen Eindruck vom Geschehen bekommen. Du könntest die Hitze der Detonation beschreiben, das Scheppern zerfetzenden Metalls und die ungeheure Kraft der Druckwelle. Wenn dir das gelingt, haben die Leser das Gefühl, mitten drin zu sein in der Action.

Auf jede Action und Aktion sollte eine Reaktion folgen, die den Lesern die Folgen der geschilderten Ereignisse zeigt.

Bevor er sich versah, rammte Wolf ihm den Handballen gegen die Brust und schubste ihn mit erstaunlicher Kraft weg. — ***ALEX RIDER: STORMBREAKER*** von Anthony Horowitz

Als sich die Kreatur auf ihn stürzte, um ihn zu töten, packte eine haarige Hand Hicks am Knöchel und zerrte ihn durch das Loch zurück, durch das er hineingeklettert war.
— ***DRACHENZÄHMEN LEICHT GEMACHT: WILDE PIRATEN VORAUS!*** von Cressida Cowell

ALARM STUFE ROT!

- Manche **Verben** bezeichnen eine Handlung:
  Die Ziege ging auf den Troll los.
- Andere **Verben** bezeichnen Gedanken und Gefühle:
  *Der Troll **fragte sich**, was die Ziege gegen ihn hatte.*
- Viele Verben lassen sich **aktiv** oder **passiv** verwenden. Im **Aktiv** ist das Subjekt oft der* die* dasjenige, der* die* das etwas tut.
  *Einmal in der Woche **putzt** der Troll seine Höhle.*
- Im **Passiv** liegt der Fokus mehr darauf, was geschieht, nicht, wer es tut.
  *Einmal in der Woche **wird** die Trollhöhle **geputzt**.*
- Verben im Aktiv machen eine Geschichte insgesamt dynamischer und lebendiger.

Autorentipp

Actionszenen sollten immer auch den Plot vorantreiben. Baue nicht einfach einen Kampf ein, nur damit deine Personen was zu tun haben!

Schritt 7:
DIE BESCHREIBUNG

Ein Bild sagt mehr als tausend Worte, aber mit den richtigen Worten kann man einen Cast von tausend Leuten vor dem inneren Auge der Leser heraufbeschwören, sie zu Orten führen, an denen sie nie zuvor waren, und eine ganze fiktive Welt lebendig werden lassen.

Beschreibe den Lesern dabei nicht nur optische Eindrücke. Wenn deinem Helden Gift untergejubelt wird, dann sag, wie das Zeug schmeckt! Lass also die anderen Sinne nicht außer Acht, wenn du etwas effektiv und eindrücklich beschreiben willst.

Die Sprache der Beschreibung

Die Wörter im Netz helfen dir, **Geräusche**, **Gerüche**, **Geschmack** und **andere Sinneseindrücke** zu beschreiben. Nicht das Richtige dabei? Dann erfinde es!

Stell dir beim Schreiben vor, du würdest einen Film drehen, und überlege, wie du die Kamera führen könntest, damit deine Leser ein gutes Bild von der Szene bekommen.

Du könntest Tausende Menschen mit einer einzigen Zeile beschreiben und dann zu einer Großeinstellung umblenden, die zeigt, wie deinem Helden eine Träne über die Wange rinnt.

INSPIRATIONSQUELLE

Durch Vergleiche zieht man die Aufmerksamkeit der Leser auf besondere Details, die sie sich vorstellen sollen.

Die gewaltigen Flammen, die aus den Fenstern schlugen, ließen das Gebäude wie einen Feuergeist erscheinen. — ***EINE REIHE BETRÜBLICHER EREIGNISSE*** von Lemony Snicket

„Eine schlechte Idee, Professor Lockhart", sagte Snape und glitt hinüber wie eine großes Unheil bringende Fledermaus. — ***HARRY POTTER UND DIE KAMMER DES SCHRECKENS*** von J. K. Rowling

Schließlich sauste die Hexe auf ihrem Besenstiel wie ein wilder Seevogel im schönsten Sturzflug auf die Hurrikanberge hinab. — ***GOBBOLINO – HEXENKATER HABEN ES SCHWER*** von Ursula Moray Williams

Autorentipp

Mit Metaphern und Vergleichen kannst du Dinge auf interessante und ungewöhnliche Weise beschreiben. Wie sähe wohl eine „mondköpfige" Person aus?

Und wie würde sich jemand bewegen, der läuft wie ein tapsiges Riesenhuhn?

Synonyme sind Wörter mit gleicher oder ähnlicher Bedeutung, wie z. B. riesig und gigantisch oder gemein und fies.

- Mit **Synonymen** lassen sich Wortwiederholungen vermeiden.
- **Antonyme** sind Wörter mit entgegengesetzter Bedeutung wie **schnell** und **langsam**. Bei vielen Wörtern kann man die Bedeutung ins Gegenteil verkehren, indem man die Vorsilbe **un-** davorsetzt, z. B. **glücklich – unglücklich** oder die Nachsilbe am Wortende austauscht: **bedeutungsvoll – bedeutungslos.**
- Mithilfe von **Antonymen** lassen sich verschiedene Dinge gegenüberstellen und kontrastieren.

Schritt 8:
DER DIALOG

Kannst du jemandem Wörter in den Mund legen? Unter einem Dialog versteht man ein Gespräch zwischen den Figuren einer Geschichte.

Natürlich sollen die Personen glaubwürdig klingen, das heißt jedoch nicht, dass sie genauso sprechen wie im echten Leben. Bei einem realen Gespräch gibt es jede Menge „Ähms" und „Ähs". Damit würde man seine Leser aber schnell langweilen oder nerven.

Mach dir auch Gedanken darüber, wie deine verschiedenen Figuren sprechen, also wie ihre ganz individuelle Stimme klingt. Den Bösewicht könnte man beispielsweise allein daran erkennen, dass er ständig denselben dummen Spruch vom Stapel lässt, während sich die beste Freundin deiner Heldin durch einen ironischen Tonfall auszeichnen könnte.

Die Sprache des Dialogs

Verben, die den Sprechakt bezeichnen, machen deutlich, wer gerade spricht. Am häufigsten kommt „sagte“ vor, aber ein bisschen Abwechslung ist nicht verkehrt, man sollte es nur nicht übertreiben.

schluchzte
log
seufzte
versprach
behauptete
zischte
krächzte
kicherte
flüsterte
trällerte
säuselte
unterbrach
zeterte
stimmte zu
gab zu
dröhnte
fragte
knurrte
meinte

bat
heulte
murmelte
tobte
flehte
schrie
keifte
fiepte
argumentierte
klagte
kreischte
nuschelte
blaffte
antwortete
lachte
jammerte
grölte
fügte hinzu
piepste
wimmerte
warnte
verlangte
drohte
überlegte
rief
brüllte
prahlte
erwiderte

Überlege dir gut, was die Figuren in deiner Geschichte sagen sollen. Mit Dialogen kann man:

- **den Plot vorantreiben** – vielleicht lässt du in einem Gespräch mal einen Hinweis zur Lösung eines Rätsels fallen,
- **etwas über die Charaktere offenbaren** – was jemand sagt und wie, verrät eine Menge über dessen Gedanken und Gefühle.

Bedenke, dass Leute nicht immer das sagen, was sie meinen. Das gilt natürlich auch für die Figuren in Geschichten …

INSPIRATIONSQUELLE

Mit Adjektiven und Adverbien kann man Aussagen darüber machen, wie eine Figur spricht.

„Dumme Dinge!“, setzte Alice mit lauter, zorniger Stimme an. – ***ALICE IM WUNDERLAND*** von Lewis Caroll

„Was ist?“, fragte Schwefelfell spöttisch und wagte sich so weit an den Abgrund heran, dass ihre pelzigen Zehen in die Luft ragten. „Magst du die Berge nicht?“ – ***DRACHENREITER*** von Cornelia Funke

ALARM STUFE ROT!

Wenn du Dialoge schreibst, gilt es Folgendes zu beachten:

- Wörtliche Rede wird in Anführungszeichen gesetzt.
- Am Anfang der wörtlichen Rede stehen die Anführungszeichen unten, am Ende oben.
- Bei jedem Sprecherwechsel beginnt ein neuer Absatz.
- Punkt, Ausrufe- oder Fragezeichen am Ende der wörtlichen Rede stehen vor den Gänsefüßchen. Wird am Ende der wörtlichen Rede angefügt, wer das sagt, fällt der Punkt weg, das Komma steht immer hinter dem Abführungszeichen.
- Füge den Namen des Sprechers hinzu, wenn nicht eindeutig aus dem Kontext hervorgeht, wer spricht.

Autorentipp

Versuche, den verschiedenen Figuren in der Geschichte eine individuelle Stimme zu geben. Geh die Dialoge noch mal durch und decke dabei die Namen der Sprecher ab.

Wenn du nicht zuordnen kannst, welche Figur was sagt, solltest du es überarbeiten.

Damit die Leser auch zuhören, wenn deine Figuren sprechen, sollte jedes Wort des Dialogs wichtig sein.

Schritt 9:
DAS VOKABULAR

Mit deinen Worten lässt du die Geschichte in den Köpfen der Leser lebendig werden. Werde also bei der Wortwahl kreativ, um unvergessliche Figuren, Settings und Szenen entstehen zu lassen.

Denk daran: Das beste Wort ist nicht unbedingt das längste.

Wenn du „Donaudampfschifffahrtsgesellschaft“ oder „Straßenentwässerungsinvestitionskosten“ einbaust, muss das im Kontext deiner Geschichte auch Sinn ergeben!

Die Sprache der Vokabeln

Vielleicht kannst du von den Wörtern unten welche für deine Geschichte gebrauchen? Dazu sollte dir aber die Bedeutung klar sein!

gallig

obskur

gülden

ästhetisch

kulinarisch

kreidezeitlich • amorph • korpulent

erschütternd • irden • chromatisch • unergründlich

wohltönend • unfreigebig

verzagt • larmoyant • ausschlaggebend • lukullisch

kurios • apotropäisch

ruchlos

sonor

generös

ranzig • jovial • gewinnsüchtig • trist • dubios

nichtsdestotrotz • turbulent

phlegmatisch • unverfroren • raubtierhaft • ominös

räuberisch • bombastisch • enthusiastisch

amphibisch • habgierig • vergänglich • perplex

melodiös • verschlagen • mysteriös • labyrinthisch

klaustrophobisch • paradox • demonstrativ • omnipotent

skeptisch • ungestüm • schnörkellos

Lass deiner Fantasie freien Lauf und denk dir eigene Wörter aus. Du könntest eine neue Angst erfinden, wie z. B. die „Mathetestphobie“ oder einen Dino, den sogenannten „Grässlosaurus“.

Wenn man neue Versatzstücke an Suffixe wie „-saurus“ anfügt, können dabei interessante Ideen und Figuren für Geschichten herauskommen.

Man kann auch neue Wörter erschaffen, indem man aus zwei Wörtern ein Kompositum, also ein zusammengesetztes Wort, bildet. Deinen „schlafbenebelten“ Helden könnte das „heißkalte“ Grauen packen, als beim Aufwachen ein „speichelspinnwebiger“ Geist über ihm schwebt!

Überlege, wie du verschiedene Wörter verschmelzen kannst, damit die Leser ein originelles Bild vor Augen haben.

Mit den treffenden Wörtern werden Figuren und Situationen erst richtig plastisch.

Dr. Dandiffer ist Ethnobotaniker. Sein Spezialgebiet ist die medizinische Verwendung tropischer Pflanzen. — ***HERMUX TANTAMOQ – IM WETTLAUF MIT DER ZEIT*** von Michael Hoeye

Oben brach ein ziemliches Tohuwabohu los – und die meisten Geräusche klangen keineswegs angenehm. — ***DER ZAUBERSTEIN VON BRISINGAMEN*** von Alan Garner

Autorentipp

Gib dich nicht mit dem erst-besten Wort zufrieden, das dir in den Sinn kommt. Warum jemand nicht als „Plappermaul“ oder „geschwätzig“ bezeichnen, statt zu schreiben, dass er viel redet?

Tolle Wörter kannst du an den verschiedensten Orten aufschnappen: im Kino, im Fernsehen, in Songs, Apps und Videospielen.

Halte stets Augen und Ohren nach neuen Wörtern offen.

Von **Lautmalerei** spricht man, wenn der Klang eines Wortes den Klang des echten Lautes nachahmt, wie bei **Peng!**, **zirpen**, **summen** und **klirren**. So hat der Leser das Gefühl, die beschriebenen Geräusche regelrecht zu hören.

Schritt 10:
DER SCHLUSS

Jede großartige Geschichte braucht ein großartiges Ende. Man will ja den Plot zu einem Abschluss bringen, der die Leser auch zufriedenstellt.

Ob dein Held nun das Rätsel löst, den verschollenen Schatz findet oder im letzten Gefecht über einen Feuer speienden Drachen triumphiert – alle Probleme, die in einer Geschichte aufgeworfen wurden, sollten gelöst sein, wenn man einen Punkt hinter den letzten Satz setzt.

Natürlich können Geschichten auch ein unerwartetes Ende haben, z. B. mit einem unvorhersehbaren Ereignis aufhören oder damit, dass noch ein gut gehütetes Geheimnis einer Figur ans Licht kommt.

So eine finale Wendung muss aber Sinn ergeben, will heißen, man sollte schon vorher im Text immer wieder Hinweise fallen lassen, um dieses überraschende Ende entsprechend vorzubereiten.

Die Sprache des Schlusses

Mit welchen Gefühlen willst du deine Leser am Ende der Geschichte entlassen? Die Wörter im Wortnetz helfen dir bei der Entscheidung, welche Stimmung du in und mit deiner Abschlussszene heraufbeschwören möchtest.

- hoffnungsvoll
- genervt
- beflügelt
- überwältigt
- wütend
- kichrig
- mit Angst vor dem Schlafengehen
- belustigt
- eifersüchtig
- fassungslos
- selig
- angespannt
- fix und fertig
- niedergeschlagen
- zufrieden
- neugierig
- erstaunt
- verängstigt
- aufgekratzt
- aufgeregt
- verwirrt
- amüsiert
- erfreut
- entrüstet
- gerührt
- mitleidig
- hingerissen
- beklommen
- bedrückt
- sentimental
- erschöpft
- verzückt
- traurig
- schockiert
- befremdet
- erbost
- beschwingt
- nachdenklich
- begeistert
- entspannt
- glücklich
- optimistisch
- pessimistisch

Am Ende einer Geschichte wird nicht selten auf den Anfang Bezug genommen. Vielleicht kehrt die Hauptfigur wieder dorthin zurück, wo sie aufgebrochen ist.

Der Schluss könnte außerdem zeigen, wie die Personen sich durch die Ereignisse verändert haben: Aus einem feigen Hobbit wird ein tapferer Held, aus einem fiesen Klassenkameraden vielleicht ein Freund. Mach dir bewusst, welche Entwicklung die Figuren durchlaufen haben und wodurch das am Schluss sichtbar wird.

Nicht jede Geschichte muss übrigens mit einem „Und so lebten sie glücklich und zufrieden bis an ihr Lebensende" aufhören. Ein Ende mit einem Cliffhanger lässt die Leser in gespannter Erwartung zurück, was natürlich am besten passt, wenn man eine Fortsetzung plant.

Ein tolles Ende bleibt den Lesern noch lange im Gedächtnis, wenn sie das Buch längst weggelegt haben.

Ich werde von Menschen heimgesucht. — ***DIE BÜCHERDIEBIN*** von Markus Zusak

Die Narbe hatte Harry seit neunzehn Jahren nicht mehr wehgetan. Alles war gut. — ***HARRY POTTER UND DIE HEILIGTÜMER DES TODES*** von J. K. Rowling

Licht fällt durch das Fenster, fällt auf mich, in mich. Besondere Momente. Alle streben auf diesen einen hin. — ***BEVOR ICH STERBE*** von Jenny Downham

ALARM STUFE ROT!

Als **Ellipse** bezeichnet man das Weglassen von Satzteilen. Bei nicht beendeten Sätzen wird das durch drei Auslassungspünktchen gekennzeichnet. Damit kann man z. B. ein offenes Ende anzeigen.

Plötzlich ging die Tür auf …

Autorentipp

Enttäusche deine Leser nicht mit einem klischeehaften Ende, bei dem die Hauptperson aufwacht und merkt, dass alles nur ein Traum war.

Überlege dir verschiedene Möglichkeiten, wie deine Geschichte enden könnte.

Wirf einen Blick in deine Lieblingsbücher und lies nach, wie sie ausgehen.

Denk dir einen tollen Schlusssatz aus, der deinen Lesern für immer im Gedächtnis bleibt.

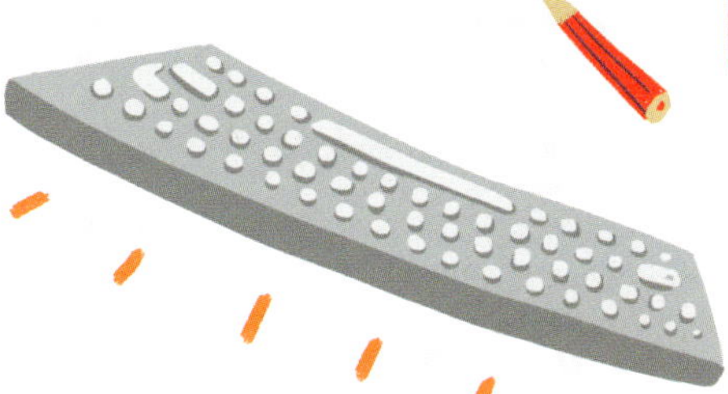

Schritt 11:
DIE TITELFINDUNG

Man soll Bücher ja nicht nach dem Cover beurteilen, aber der richtige Titel motiviert potenzielle Leser, eine Geschichte zur Hand zu nehmen. Er sollte neugierig machen und aus der Masse herausstechen. Außerdem kann er wichtige Hinweise zur Geschichte geben:

- um welches Genre es sich handelt – Abenteuer, Liebesgeschichte, Krimi oder einen Genremix?
- erste Aussagen zur Hauptfigur oder zum Setting – ***ALICE IM WUNDERLAND*** verrät einem beides!
- Andeutungen über die Themen und Geschehnisse im Buch – ***STOP IN THE NAME OF PANTS!*** lässt vermuten, dass es irgendwie um eine Hose oder ein Höschen geht …

INSPIRATIONS QUELLE

Wovon handeln die folgenden Bücher deiner Meinung nach? Welche Art von Geschichte würdest du erwarten?

Autorentipp

Mal hat man schon einen Titel parat, ehe man loslegt, mal ist man noch am Grübeln, nachdem man die letzte Zeile geschrieben hat. Geht beides.

Alles ist möglich – von Einwort-Titeln wie „Verschwunden" bis zu langen wie „Der Tag, an dem ich meinen Dad gegen zwei Goldfische eintauschte".

Wenn dir nichts einfällt, überflieg noch mal den Text und suche nach interessanten Wörtern oder Versatzstücken, aus denen sich ein toller Titel zaubern lässt.

Schritt 12:

DIE REDAKTION

Du bist also fertig mit deiner Geschichte? Warte noch kurz, ehe du losrennst und sie bei der Buchhandlung um die Ecke ins Regal stellst. Mach stattdessen einen Spaziergang, futtere eine Packung deiner Lieblingskekse oder tanze den ganzen Tag durch dein Zimmer. Mit etwas Abstand entdeckt man beim nochmaligen Durchlesen an der einen oder anderen Stelle nämlich meist noch Verbesserungspotenzial.

Ergibt der Plot Sinn? Gibt es noch Dinge, die man vergessen hat aufzulösen? Lass deine Heldin nicht am Ende einer Szene von einer Klippe baumeln und zeig sie dann, wie sie am Strand einen Saft schlürft, ohne zu erklären, wie sie dem sicheren Tode entronnen ist!

Die Sprache der Redaktion

Mithilfe der Fragen im Netz kannst du deine Geschichte überprüfen und überarbeiten.

Hat die Geschichte genug Tempo, um die Leser bei der Stange zu halten?

Gibt es irgendwelche Szenen, die die Handlung nicht voranbringen?

Wirken die Figuren in der Geschichte realistisch?

Lässt sich bei den Dialogen zweifelsfrei zuordnen, wer gerade spricht?

Weckt der Einstieg der Geschichte die Neugierde der Leser?

Kann man sich die beschriebenen Settings gut vorstellen?

Du musst sicherstellen, dass die Leser bei deiner Geschichte problemlos durchblicken. Überprüfe deshalb, ob dein Text klar, präzise und korrekt ist – auch was Zeichensetzung und Rechtschreibung angeht. Halte nach typischen Fehlern Ausschau, zu denen du neigst.

Wenn du mit den letzten Korrekturen durch bist, dann hol dir eine zweite Meinung ein und bitte einen Freund oder eine Freundin, einen Blick darauf zu werfen. Vier Augen sehen nämlich mehr als zwei. Testleser, die die Geschichte noch nicht kennen, entdecken oft noch Fehler, die man übersehen hat. Such dir am besten jemanden aus, der auf das ausgewählte Genre steht, und frag ihn, ob er noch Verbesserungsvorschläge hat.

Wenn du mit deiner Geschichte zufrieden bist, dann gib sie möglichst vielen Leuten zum Lesen. Du könntest damit auch an einem Schreibwettbewerb teilnehmen. Hör dich doch einfach mal um. Man ist nie zu jung, um mit einem Buch groß rauszukommen. Der Bestsellerautor Christopher Paolini z. B. war erst 15, als er sein Fantasyabenteuer ***ERAGON*** in Angriff nahm, das sich inzwischen millionenfach verkauft hat und im Kino lief.

Autorentipp

Vermeide Klischees und holprige Formulierungen und scheue dich nicht davor, Änderungen vorzunehmen. Wenn du dir bei einer Stelle nicht sicher bist, dann weg damit!

Wenn man den Text laut liest, entdeckt man oft noch Stellen, an denen es hakt.

Du kannst natürlich die Rechtschreibprüfung drüberlaufen lassen, aber Wörterbuch und Thesaurus bieten viele Zusatzinfos.

Überprüfe deinen Text auf diese klassischen Rechtschreibfehler:

- Es heißt **am besten, am schönsten** etc., nicht „am Besten“, „am Schönsten“.
- Groß geschrieben wird dagegen **der Beste** wie in „Papa ist der Beste!“
- Verwechslung von **das** und **dass** nach einem Komma, das einen Nebensatz einleitet: **Dass** ist eine Konjunktion, **das** ein Pronomen, das sich durch **dieses**, **jenes**, **welches** ersetzen lässt. Passt **dieses**, **jenes**, **welches**, verwendet man **das**!
- Wer **nämlich** (in der Mitte) mit „h“ schreibt, ist dämlich.

Deine Idee, deine ABENTEUERGESCHICHTE!

Abenteuergeschichten entführen die Leser auf eine spannende Reise ins Ungewisse, z. B. auf die Suche nach einem uralten Schatz oder einem sagenumwobenen Land.

Denk dir am besten einen Einstieg mit einem dramatischen Ereignis aus, das deinen Helden oder deine Heldin aus dem alltäglichen Leben reißt und mitten hinein ins Abenteuer katapultiert.

Zudem stellt sich die Frage, wie deine Hauptfiguren drauf sind. Sind sie mutig genug, um sich den Gefahren zu stellen und mit viel Fantasie und Köpfchen brenzlige Situationen zu meistern, oder sind sie als Spaßvögel angelegt und stolpern ungewollt und zögerlich ins Abenteuer? Lass ihren Charakter plastisch werden, indem du beschreibst, wie sie handeln und sich verhalten.

Die Sprache des Abenteuers

Das eine oder andere abenteuerliche Wort hier kannst du bestimmt gut gebrauchen.

Legende
Action
Gefahr
Karte
Herausforderung
aufregend
aufgeben
Mission

Räuber
Bösewicht
Insel
Sabotage
Beute
Schicksal
Edelstein
unerschrocken
wild
erbeuten
Heldentat
skrupellos
umherstreifen
Rache
Schwert
verbannt
Gier
kriminell
Feind
Furcht
Streich
Pistole
berüchtigt
böse
an Bord gehen
Nervenkitzel
Waffen

Gewalt
Gefecht
Messer
Gold
feindlich
Pirat

Wagnis
wagemutig
Leichnam
Attacke
ereignisreich
Flucht
Schatz
Entdeckung

Ein tolles Setting ist die halbe Miete. Von Tempelruinen über undurchdringlichen Dschungel und dunkle Höhlen bis hin zu unheimlichen Schiffswracks: Der Schauplatz des Abenteuers muss ein gefährlicher Ort sein, an dem unerwartete Wendungen auf die Hauptfigur lauern.

Falls du dem Protagonisten einen Sidekick gibst, dann überlege dir, welche Stärken und Schwächen dieser Gefährte hat und inwiefern das dem Helden unterwegs zugutekommt oder aber ihm das Leben schwer macht.

Auch ein Gegenspieler könnte vorkommen, der als Rivale des Helden dasselbe Ziel verfolgt oder Jagd auf dieselbe Sache macht. Wer triumphiert am Ende? Der Held oder der Gegenspieler?

INSPIRATIONS QUELLE

Mit den richtigen Nomen und Verben kannst du ein tolles Setting erschaffen und für Atmosphäre sorgen.

Jenseits des Waldes und der Erdbeerfelder glitzerte der Long-Island-Sound im letzten Licht der Sonne. – ***PERCY JACKSON: DIEBE IM OLYMP*** von Rick Riordan

Die Nautilus fuhr jetzt mit voller Geschwindigkeit. Plötzlich zerbarst der lautlose Schimmer der Eiswände in grellen Blitzen. – ***20.000 MEILEN UNTER DEM MEER*** von Jules Verne

Autorentipp

Denk scharf nach! Warst du schon mal an irgendwelchen abenteuerlichen Orten? Vielleicht bringt dich das ja auf Ideen für ein Abenteuer-Setting.

Filme, Fernsehsendungen oder Computerspiele können einen ebenfalls zu tollen Settings inspirieren.

Adverbien beschreiben Verben, Adjektive und andere Adverbien näher. Welche der hier genannten würdest du nutzen, um das Handeln deines Helden zu beschreiben?

schlau daherreden

sich lautlos anschleichen

behutsam balancieren

Denk dir doch auch mal schöne Adverbien aus, um zu schildern, wie deine Heldin sich ins Abenteuer stürzt. Du kannst Adjektiven noch Adverbien hinzufügen, um Beschreibungen plastischer zu machen:

eine höllisch heiße Suppe, sanft federnder Waldboden, eine schrecklich ernste Situation

Deine Idee, dein KRIMI!

Von Mäusen, die Gorgonzola mopsen, bis hin zu ermordeten Adeligen – jedes Rätsel oder Verbrechen kann den idealen Ausgangspunkt für deinen Krimi oder deine Detektivgeschichte abgeben. Lass deiner Fantasie freien Lauf und präsentiere den Lesern ein Geheimnis, das sie unbedingt ergründen wollen.

Dazu braucht es natürlich auch Ermittler, die die Fährte aufnehmen und den Hinweisen nachgehen. Gib dich nicht mit irgendeinem Sherlock-Holmes-Verschnitt zufrieden, sondern denk dir deinen eigenen, ganz besonderen Detektiv aus, mit dem die Leser richtig mitfiebern, z. B. ein Schulmädchen mit einer tollen Detektiv-App oder vielleicht sogar ein Baby, das im Kampf gegen das Böse im Internet auf Verbrecherjagd geht!

Die Sprache des Verbrechens

Kannst du von diesen Wörtern welche für deinen Krimi gebrauchen?

Als weitere Personen solltest du mehrere mögliche Verdächtige einführen. Lehrer, Promis, der Butler oder wilde Tiere: Wer könnte der Bösewicht sein, der hier sein Unwesen treibt?

Wird sich der Fall aufklären oder gibt es am Ende eine unerwartete Wendung? Am besten ist es, wenn deine Leser bis zuletzt im Dunkeln tappen.

Vergleiche und Metaphern können für noch mehr Spannung sorgen.

Poirot sperrte die Tür von innen ab und begann das Zimmer gründlich zu durchsuchen. Mit der Flinkheit eines Grashüpfers sprang er von einem Gegenstand zum anderen, während ich aus Angst, Spuren zu verwischen, an der Tür stehen blieb.
– ***DAS FEHLENDE GLIED IN DER KETTE*** von Agatha Christie

Eine schlanke Gestalt mit schwarzem Mantel schlich sich ins Zimmer wie ein Dieb und hielt nach jedem Schritt inne, während das Ticken der Standuhr in der Ecke mit ihrem wild pochenden Herzen im Takt schlug.
– ***TWELVE MINUTES TO MIDNIGHT*** von Christopher Edge

Autorentipp

Falsche Fährten sind Hinweise, die in die Irre führen – baue ein paar davon ein, um Ermittler und Leser hinters Licht zu führen.

Der Genitiv zeigt an, wem oder wozu etwas gehört. Und das ist gerade in Krimis oft von enormer Wichtigkeit.

Der feuerrote Mantel der Frau war sehr auffallend.
Das Rauschen des Wasserfalls übertönte den Knall.

- Bei Namen wird im Genitiv ein **-s** angehängt:
  Linas Schultasche war wie vom Erdboden verschluckt.
- Endet ein Name auf **-s**, **-ss**, **-ß**, **-z**, **-tz**, **-x** oder **-ce** und hat keinen Artikel oder Ähnliches bei sich, kennzeichnet der Apostroph den Genitiv:

Im Gras lag einer von Jonas' neuen Turnschuhen.
Nein, es war Jens' Schuh, wie sich beim genaueren Hinsehen herausstellte!
Frau Schmitz' Alibi war absolut wasserfest.

Deine Idee, deine GRUSELGESCHICHTE!

Wovor hast du Angst? Vor Spukhäusern mit knarrenden Treppen? Gespenstern, die durch den Wald huschen? Vampiren, die um Mitternacht aus dem Sarg steigen?

Bei diesem Genre kannst du eine Geschichte aus deinen eigenen Ängsten spinnen und deine Leser das Fürchten lehren!

Du könntest dazu die üblichen Verdächtigen wie Geister und Zombies heraufbeschwören und irgendetwas Neues mit ihnen anstellen, damit deine Schauergeschichte einzigartig wird, oder du verleihst einem ganz gewöhnlichen Gegenstand oder einer normalen Situation etwas Übernatürliches. Man denke z. B. an ein verwunschenes Smartphone mit einer App, die Tote wieder zum Leben erwecken kann …

Die Sprache des Horrors

Mit welchen dieser Wörter lassen sich die **Figuren**, **Schauplätze** und **Ereignisse** deiner **Grusel**geschichte beschreiben?

heimsuchen giftig zittern modrig Zauber
Blut Geheul Mitternacht Mond
erschrecken schweben heulen böse
Finsternis knarren boshaft Biest
erstarren Grauen Horror Kerker
Seele magisch schaurig finster grausig
diabolisch Geist Friedhof
furchtsam sonderbar staubig
verschwinden furchterregend keuchen schreien
Höhle dunkle Seite Fluch
tot stöhnen Gräberfeld
düster verstört

Poltergeist Zombie Gespenst Phantom
Totenbeschwörer Gespensterjäger Ghul Untote
Mumie Erscheinung Werwolf Vampirjägerin
Leichnam Vampir Monster Spukgestalt
entrückt geisterhaft über den Tod hinaus übernatürlich unheimlich
Leichentuch makaber paranormal verwunschen
Albtraum Halloween gespenstisch morbid gruselig Bann überirdisch

untot Spukschloss Mausoleum Jenseits Grab Gruft Sarg Katakomben Totenstadt

Wenn du den Lesern richtig, richtig Angst einjagen und ihre Nerven auf eine Zerreißprobe stellen willst, dann versuche zu schreiben, als wären sie mitten in der Gruselgeschichte drin.

Denk dir unheimliche Details aus, die ihre Sinne ansprechen: Geräusche, Gerüche, Geschmack, optische Eindrücke und wie sich etwas anfühlt, z. B. einen eiskalten Hauch im Nacken der Heldin, während sie allein in einem Zimmer sitzt, oder schlurfende Schritte …

Solche gruseligen Einzelheiten zur rechten Zeit steigern die Spannung und sorgen für maximalen Horror. Den Rest erledigt dann die Fantasie der Leser!

INSPIRATIONSQUELLE

Willst du eine gruselige Szenerie heraufbeschwören oder die Leser mit Blut schocken?

Geister stiegen aus der Erde empor: bleiche Schemen, die im Mittagslicht noch fahler erschienen. — ***DAS BERNSTEIN-TELESKOP*** von Philip Pullman

Dann verzog sich ihr Gesicht zu einer grauenhaften Fratze, sie fletschte die Reißzähne und grub sie in seinen Hals. — ***BUFFY — IM BANN DER DÄMONEN: DIE ZEIT DER ERNTE*** von Joss Whedon

Das Heulen ist entsetzlich, ein grässliches Jaulen, das alles andere übertönt, uns ganz ausfüllt und schier in den Wahnsinn treibt. — ***WHISPERS IN THE GRAVEYARD*** von Theresa Breslin

Autorentipp

Behalte stets das Erzähltempo deiner Geschichte im Auge. Du könntest ganz langsam Spannung aufbauen und den Leser dann mit einem gruseligen Ereignis schocken.

Es ist wichtig, dass die Leser deine Figuren ins Herz schließen.

Wenn die Leser die Heldin mögen, finden sie es noch schlimmer, wenn ein Monster hinter ihr auftaucht …

Klischees sind Phrasen, die so oft verwendet werden, dass sich ihre Wirkung abgenutzt hat. Versuche sie zu vermeiden und dich lieber origineller auszudrücken.

Ich zitterte wie Espenlaub.
Er stand da wie zu Stein erstarrt.
Ihr lief eine Gänsehaut über den Rücken.
Mir standen die Haare zu Berge.

Deine Idee, deine KOMÖDIE!

Hau witzige Sprüche raus! Wenn du deine Freunde mit deinem Humor zum Lachen bringen kannst, gelingt dir das bestimmt auch bei deinen Lesern. Verschrobene Figuren, doofe Situationen und Peinlichkeiten jeder Art sorgen stets für Lacher.

Ob nun eine verbrecherische Banane von einer Polizeitaube verfolgt wird oder dein Schulleiter 50 Unterhosen auf dem Kopf hat: Überlege, wie du deine Grundidee noch zusätzlich aufpeppen kannst.

Von einer Banane, die einen schlechten Tag hat, bis hin zu einem Modedesaster – versuche, aus deiner Ursprungsidee einen Plot zu entwickeln, bei dem die Leser sich vor Lachen krümmen.

Mach dazu doch mal eine Liste der peinlichsten Dinge, die dir je passiert sind. Vielleicht ist da ja was dabei, was dich zu einer lustigen Szene inspirieren könnte?

Die Sprache der Komödie

Sei erfinderisch, um deinen Text durch witzige Wörter zusätzlich aufzupeppen. Geh aber sicher, dass du die Bedeutung der Wörter genau kennst, ehe du die Leser damit zum Lachen bringst.

Seeräuber • Miesepetrigkeit
erste Sahne
Frechdachs
Bohei
wackelig • watscheln
Dez • verblüffen
Streich • übertölpeln
Tunichtgut • Göffel
Babo • ausgetrickst • Gerangel
Dingsbums
Quatsch • ausgelassen
Remmidemmi
Lulatsch • Halligalli
Bauchflattern • Stuss
knutschen • grölen • Furunkel
baff • gegen den Uhrzeigersinn
Reinfall • dalli • Blabla
Luftikus
Donnerbüchse • knurrig • Zeugs
schwindeln • Heiopei • Grog
potthässlich • Gaffer
sich abseilen

Auch die Art und Weise, wie man die Geschichte erzählt, kann für Lacher sorgen. Wenn du dich für einen Ich-Erzähler entscheidest, dann überlege dir, wie deine Hauptperson die Dinge sehen würde, die ihr passieren. Bleibt sie selbst in den peinlichsten Situationen cool oder betrachtet sie ihr Leben als einzige Katastrophe?

INSPIRATIONSQUELLE

Wenn es darum geht, sich superwitzige Vergleiche auszudenken, dann nimm dir ein Beispiel an Roald Dahl:

Beim Hinabsegeln bauschte sich Mrs Zwicks Unterrock wie ein Fallschirm und entblößte ihren langen Schlüpfer. – ***DIE ZWICKS STEHEN KOPF*** von Roald Dahl

Plötzlich stieß der Junge einen gigantischen Rülpser aus, der durch die Aula grollte wie Donner. – ***MATILDA*** von Roald Dahl

Fett und wabbelig wie eine Qualle watschelte Tante Schwamm hinter ihrer Schwester her, um zu gucken, was los war. – ***JAMES UND DER RIESENPFIRSICH*** von Roald Dahl

Autorentipp

Die besten komischen Figuren haben oft ihre ganz eigene Sicht der Dinge. Versuche beim Schreiben, die Welt mit ihren Augen zu sehen.

Sagt oder tut die Heldin deiner Geschichte immerzu das Falsche?

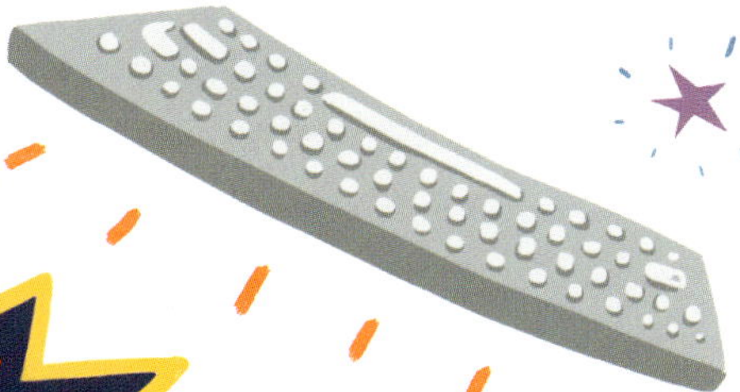

Wenn du beim Schreiben selber lachen musst, finden die Leser es vermutlich auch lustig.

ALARM STUFE ROT!

Mit Bindestrichen lassen sich zwei oder mehr Wörter zu einem neuen Wort zusammenkoppeln. So kann man erfinderisch werden und sich superwitzige Sachen ausdenken:

Während die Lehrerin eine Rechenaufgabe an die Tafel schrieb, warf er mir einen Ich-verstehe-nur-Bahnhof-Blick zu.

Bindestriche verwendet man auch, um ganz einfach die Bedeutung deutlicher zu machen:

Das ist doch zum Aus-der-Haut-Fahren!

Mund-zu-Mund-Beatmung

Deine Idee, deine FANTASYGESCHICHTE!

Schwirren dir lauter Drachen, Hexer und Feen durch den Kopf, aber du weißt nicht, wie du daraus eine Geschichte zaubern sollst? Wenn du den Figuren ein Ziel, eine Mission gibst, wird aus deinen fantastischen Ideen schnell ein zauberhafter Fantasy-Plot.

Manche Helden begeben sich auf die Suche nach einem magischen Schatz oder einem geheimnisvollen Land, während andere gegen Drachen und schwarze Magier in den Kampf ziehen. Überlege, mit welchen Prüfungen und Hindernissen du sie auf dem Weg konfrontierst. Je größer die Gefahr, desto mehr fiebern die Leser mit.

Die Sprache der Fantasy

Denk dir mithilfe der Wörter im Netz großartige **Missionen**, **Figuren** und **Settings** aus.

Chroniken
Hexenwerk
Elixier
Wanderstab
Legende
Prophezeiung
Omen
Magie
Amulett
Überlieferung
Rune
verzaubert
Zaubertrank
Erzfeind
Beschwörung
Zauberformel
Fluch
Talisman
Zauberspruch
unsichtbar
Zauberei
Rätsel
Orakel
Portal
Zauberstab
Hexenkunst
Verwunschen
Vision
Unsterblichkeit
Morgenstern
Bann

Alchemist
Nixe
Zauberer
Gestaltwandler
Zauberin
Magier
Todesfee
Nachtalb
Zyklop
Menschenfresser
Basilisk
Meerjungfrau
Kobold
Gorgone
Dschinn
Wassermann
Elfe
Riese
Schwarze Magierin
Zwerg
Zentaur
Harpyie
Einhorn
Phoenix
Hexer
Fee
Hexe
Troll
Druide
Magierin
Drache

Bannkreis
Reich
Grotte
Schloss
Irrgarten
Königreich
Unterwelt
Versteck
Imperium
Festung
Verlies
Zauberwald
Insel
Burg
Unterschlupf
Höhle
Labyrinth

Auch wenn du eine fantastische Welt voller Magie und Ungeheuer erschaffst, muss sie sich für die Leser doch ganz real anfühlen.

Zeichne eine Karte, damit du den Ort, an dem deine Geschichte spielt, besser vor Augen hast, und mach dir Gedanken darüber, welche Regeln in dieser Welt gelten.

Können Drachen sprechen? Können Zauberer fliegen? Das festzulegen hilft dir möglicherweise sogar dabei, auszuarbeiten, was in deiner Geschichte passieren soll.

Sorgfältig ausgewählte Adjektive lassen Fantasy-Welten für die Leser plastisch werden.

Düster und sehr geheimnisvoll, ist der Dunkelwald ein rauer und gefährlicher Ort für all jene, die hier zu Hause sind. — *TWIG IM DUNKELWALD* von Paul Stewart und Chris Riddle

Die Insel Gont, ein einziger Berg, der seinen Gipfel eine Meile aus der sturmgepeinigten Nordostsee reckt, ist als Land der Magier bekannt. — *DER MAGIER VON ERDSEE* von Ursula K. Le Guin

Von **altertümlichen** Wörtern und Schreibweisen spricht man, wenn diese nicht mehr gebräuchlich sind, wie **Vampyr**, **Daemon**, **Albdruck** oder **Siechenhaus**. Fallen dir für deine Geschichte noch mehr davon ein?

Autorentipp

Du kannst auch Ideen und Vokabular aus anderen Fantasyromanen oder aus Filmen aufgreifen. Man denke z. B. an Zauberstäbe aus Hogwarts, Orks aus Mittelerde und Hexen aus Narnia.

Geh kreativ mit diesen Anleihen um und mach was Neues daraus.

Deine Idee, deine SCIENCE-FICTION-GESCHICHTE!

Möchtest du die Leser in fremde Welten entführen, sie auf eine Zeitreise schicken oder mit einer Roboter-Apokalypse konfrontieren? Wenn du Science-Fiction schreibst, entwirfst du ein Bild von der Zukunft.

Für tolle Geschichtenideen muss man kein Alien-Superhirn sein. Am besten stellt man sich „Was wäre, wenn …?“-Fragen, um sich einen Science-Fiction-Plot auszudenken: Was wäre, wenn alle Roboter auf der ganzen Welt auf einmal böse werden? Was wäre, wenn der neue Mitschüler sich plötzlich als Alien entpuppt?

Die Sprache der Science-Fiction

Beame Wörter aus dem Netz unten in deinen Text, um eine Geschichte zu entwerfen, die von einem anderen Stern ist!

galaktisch
außerirdisch
E. T.
DNA
Cyborg
unbewohnbar
Raumfahrzeug
Roboter
steinig
schädlich
teleportieren
UFO
Raumgleiter
gasförmig
giftig
Weltall
Klon
unwirtlich
ferne Galaxien
staubig
humanoid
gefroren
Raumstation
Portal
vereist
Sternenschiff
vulkanisch
erdähnlich
vegetationslos
Hyperraum
Androide
Kraftfeld
paradox
luftleer
geschmolzen
wüst
kein Sauerstoff
andocken
Alien

Egal, ob eine Geschichte nun auf einem anderen Planeten oder Tausende von Jahren in der Zukunft spielt, mit der Beschreibung des Schauplatzes sollte man es trotzdem nicht übertreiben, sonst kommt am Ende noch der Plot zu kurz.

Wirf deine Figuren also mitten in die Handlung, sodass die Leser deine futuristische Welt im Laufe der Geschichte Stück für Stück besser kennenlernen.

Vergleiche und beschreibende Details helfen den Lesern, sich fremde Welten vorzustellen.

Die Landschaft vor ihm erinnerte auf den ersten Blick sonderbar an die Erde – graue Hügelkämme, die sich hoben und senkten wie Meereswogen. – ***JENSEITS DES SCHWEIGENDEN STERNS*** von C. S. Lewis

Man erzählte mir, die Erde habe gebebt und am Himmel sei überall Licht explodiert. Es war in jenen zwei Wochen im Jahr, in denen die beiden Monde sich am Horizont gegenüberstehen. – ***ICH BIN NUMMER VIER*** von Pittacus Lore

Wer noch nie einen Marsianer gesehen hat, vermag sich den merkwürdigen und zugleich entsetzlichen Anblick wohl kaum vorzustellen. – ***DER KRIEG DER WELTEN*** von H. G. Wells

Autorentipp

Willst du Klone erschaffen oder eine Marsmission starten? Lass dich von den unglaublichen Entdeckungen der Wissenschaft für deine Geschichte inspirieren.

Science-Fiction kann übrigens auch davon handeln, wie das Leben heutzutage ist – nicht nur in ferner Zukunft.

Mach dir Gedanken über unsere Welt – welche Probleme und Konflikte könnten in der Zukunft gelöst sein?

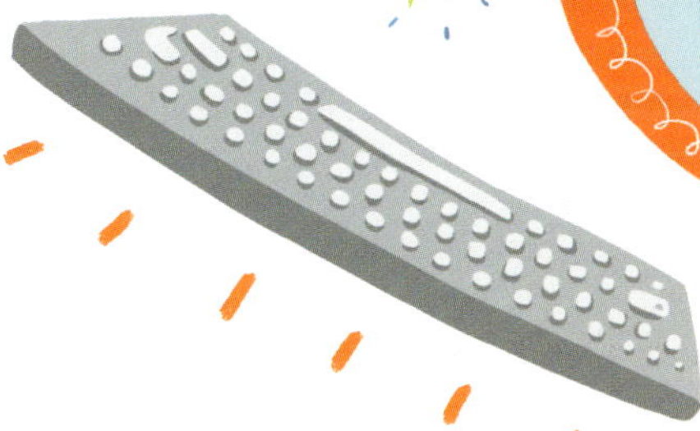

Science-Fiction befasst sich oft mit neuen Erfindungen, fernen Planeten und zukünftigen Welten. Also werde beim Vokabular erfinderisch und denk dir Wörter aus, die wir im Jahr 3000 benutzen! Lass dich davon inspirieren:

Laserbeamer   Unsichtbarotron   Mobb-Boter

Streberbot   Teleportal   Electropapier

Weltdominator   Weltraumbrille

Spektrominator   Robomaus

Deine Idee, dein SPIONAGEROMAN!

Tödliche Attentate, skrupellose Geheimagenten, jugendliche Cyberspione – wenn die Welt kurz vor dem Untergang steht, musst du einen Agenten erschaffen, der sie rettet.

Überlege gut, mit welchen Fähigkeiten und Charakterzügen du deinen Protagonisten ausstattest. Vielleicht handelt es sich um eine kühne Kampfsportexpertin, die selbst in Lebensgefahr noch Witze reißt, vielleicht um einen Tollpatsch mit dem Spitznamen *00-Oh-no!*, bei dem ständig was schiefgeht. Egal, wie du dich entscheidest, diese Person sollte immer voll in Action sein.

Starte deine Geschichte mit einem Paukenschlag, um die Leser sofort zu fesseln. Dein Held könnte z. B. einen Bombenanschlag aufs Parlamentsgebäude vereiteln oder einen Roboter-Attentäter deaktivieren, der es auf den Premierminister abgesehen hat.

Die Sprache der Spionage

Die Agentenwelt hat ihr eigenes Vokabular. Mit den Wörtern unten kannst du undurchsichtige Figuren und unheimliche Plots erschaffen.

topsecret
MI5
Vorgesetzte
hinter den feindlichen Linien
Geheimoperation
Spionin
Undercover-Aktion
Code-Buch
codieren
Maulwurf
Überläufer
FBI
verdeckt
Spionagering
Abschlussbericht

Geheimdienst
Instruktionen
ausspähen
Observation
Doppelagent
Hauptquartier
Gegenspionage
Verschlüsselung
unterwandern

Geheimcode
Code-Generator
Geheimagent
Mission
Desinformation
falsche Identität
MI6
Nachrichtendienst
Spionage
CIA
Wanze
Spionageabwehr
Sondereinsatzkommando
Kryptograf
Passwort

Übertragungsgerät
Dechiffrierung
Agentenjäger
Agentin
Rekrutierung
einen Code knacken
Schläfer

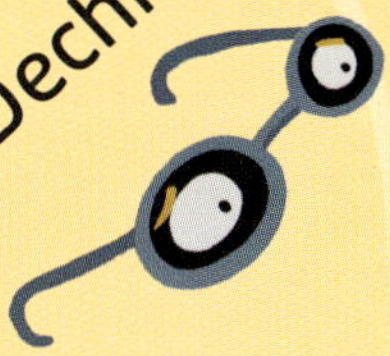

Jede Agentenstory braucht einen Bösewicht. Versuche, Klischees wie den verrückten Wissenschaftler, der die Welt mit tödlichen Strahlen vernichten will, zu vermeiden, und gib dem Schurken ein gutes Motiv für seine üblen Machenschaften.

Mit einem spannenden Mix aus Action, Plot-Wendungen und Cliffhangern hältst du deine Leser in Atem. Vielleicht könnte deine Heldin von jemandem hintergangen werden, den sie für einen Freund hält, oder nur um Haaresbreite dem sicheren Tod entrinnen.

Am Schluss sollte der Protagonist dem Oberschurken die Stirn bieten und sich der ultimativen Gefahr stellen, um dessen finstere Pläne endgültig zu vereiteln.

INSPIRATIONSQUELLE

Die Gefühle der Figuren zu zeigen, erhöht die Spannung.

Alex kauerte im Heck der tieffliegenden C-130 Militärmaschine und sein Magen rumorte hinter seinen Knien. — *ALEX RIDER: STORMBREAKER* von Anthony Horowitz

Der Jeep kam quälend langsam voran, was durch die ungute Vorahnung, die Artemis beschlich, noch unerträglicher wurde. — *ARTEMIS FOWL* von Eoin Colfer

Autorentipp

Denk dir mal einen ganz anderen Spion aus, z. B. eine Geschichte über Bello Bond, Geheimagent des Hunde-Geheimdienstes, der verhindern muss, dass eine böse weiße Flauschekatze die Weltherrschaft übernimmt.

Je größer die Gefahr, desto höher die Spannung. Arbeite einen Plot aus, bei dem die Nerven deiner Leser bis zum Zerreißen gespannt sind.

ALARM STUFE ROT!

Ein Nebensatz ist ein Satzglied mit eigenem Verb.

- Ein Satz kann aus einem oder mehreren **Hauptsätzen** bestehen, die durch Konjunktionen wie **und**, **oder**, **aber**, **doch** verbunden oder durch Kommas abgetrennt sind.
- **Nebensätze** werden mit einer Konjunktion, wie z. B. **weil**, **dass** oder **wenn**, eingeleitet und können vor oder nach dem Hauptsatz stehen.
- Ein **Relativsatz** erklärt oder beschreibt etwas direkt davor Genanntes und wird u. a. von **der**, **die**, **das**, **dessen**, oder **deren** eingeleitet.

Mit kurzen, knackigen Sätzen kann man den Leser aufrütteln oder schocken, mit langen eher Spannung aufbauen.

Deine Idee, deine LIEBESGESCHICHTE!

Boy meets girl. Roboter trifft Cyborg. Die Schöne und das Biest. Bei einer Liebesgeschichte musst du als Allererstes festlegen, wer sich in wen verlieben soll!

Überlege dir, wie deine Hauptfiguren sich kennenlernen und was sie anfangs voneinander halten. Ist es Liebe auf den ersten Blick oder können sie sich erst mal nicht ausstehen?

Jedenfalls darf nicht alles reibungslos verlaufen. Welche Hindernisse könntest du den Liebenden in den Weg legen, sodass ihre Liebe unter einem schlechten Stern zu stehen scheint?

Eine große Liebesgeschichte zeichnet sich dadurch aus, dass es den Protagonisten gelingt, alle Widerstände zu überwinden, um zusammenzukommen.

Die Sprache der Liebe

Kannst du von diesen Wörtern welche für deine Liebesgeschichte brauchen?

faszinieren • verborgen • galant

hin- und hergerissen • hübsch • strahlen • aufgelöst • tanzen

Verwandte • Umarmung • schüchtern • temperamentvoll • Liebe • nett

aufbewahren • lachen • Image • Kluft • Wut • gernhaben

sich etwas vorstellen • romantisch • funken • kurzer Blick • Hoffnung • anstarren • Sonnenuntergang

wankelmütig • eigensinnig • stürmisch • nervös

küssen • geheim • zärtlich • Herz • selbstsicher • frech

elektrisieren • Glück haben • entzückend • Plan • markant

süß • Rose • aufrichtig • oberflächlich • einsam

Vertrauen • Seele • seufzen • schmollen

Drei sind einer zu viel, wie es so schön heißt. Dabei bringen zusätzliche Figuren erst richtig Schwung und Spannung in eine Lovestory. Vielleicht könntest du einen witzigen besten Freund einführen, dem sich dein Held anvertraut, oder wie wäre es mit einem gut aussehenden Rivalen, der ihm um das Herz der Protagonistin Konkurrenz macht?

Und zu guter Letzt musst du noch entscheiden, ob es ein Happy End gibt oder die Zeichen auf Liebeskummer stehen.

Autorentipp

In der Liebe geht es ebenso sehr um Konflikte wie ums Küssen! Überlege, welche Probleme und Hindernisse den Liebenden im Weg stehen könnten.

Was würden deine Figuren alles für die Liebe tun? Welche Prüfungen müssen sie meistern, um zusammenzukommen?

Deine Leser sollten sich in beide Hauptfiguren hineinversetzen können.

Die Leser sollten auf ein Happy End hoffen, auch wenn du andere Pläne hast.

Durch beschreibende Details fühlen sich Liebesgeschichten erst richtig real an.

So mega-attraktive Leute wie Lana und Josh gehen nie irgendwo alleine hin. Die haben so eine Art Gefolge, das sie auf Schritt und Tritt begleitet. – *PLÖTZLICH PRINZESSIN* von Meg Cabot

Ein letzter Kuss, so hastig und unbeholfen, dass sie mit den Wangenknochen aneinanderstießen. – *DAS BERNSSTEINTELESKOP* von Philip Pullman

Mit Adjektiven kann man Dinge vergleichen und gegenüberstellen.

- Bei den meisten **Adjektiven** wird -**er** angehängt, um zwei Dinge zu vergleichen. Diese Form heißt **Komparativ**.
- Vergleicht man mehr als zwei Dinge, wird bei den meisten Adjektiven **-est** angehängt. Diese Form nennt sich **Superlativ**.
  Brad war süß, Justin noch süßer, aber der süßeste Typ der ganzen Schule war Theo.

Versuche, mit Komparativen oder Superlativen zu arbeiten, wenn es um Dreiecksgeschichten geht!

Deine Idee, dein HISTORISCHER ROMAN!

Wenn man sich bei der kompletten Weltgeschichte bedienen kann, können einem nie die Ideen ausgehen. Ob du nun über Seeräuber schreibst, die im 17. Jahrhundert über die sieben Weltmeere schippern, oder ein Zweiter-Weltkriegs-Drama über Soldaten und Spione planst – das Thema, für das du dich entscheidest, lässt die Vergangenheit für deine Leser lebendig werden.

Die Geschichte kann von realen Ereignissen wie dem Dreißigjährigen Krieg oder der Zeit der Teilung Deutschlands und dem Kalten Krieg handeln, oder aber man greift historische Personen wie Martin Luther oder Anne Frank auf – nur wild durcheinandermischen sollte man sie lieber nicht!

Die Sprache der Vergangenheit

Mit welchen dieser Wörter könntest du vergangene Zeiten auferstehen lassen?

Cape Morgenstern Perückenmacher Kloster Halskrause lange Kleider Visier Kanone Streitwagen Heilerin Wams Petticoat Stallbursche Dolch Reifrock

Markt Schreiber Dampfschiff Panzerhandschuhe Galeone Kaufleute Dienstmädchen Korsett Zylinder Kelch Tunika Katapult Schenke Kettenhemd Gehrock

Stellmacher Lanze Beinrüstung Toga Hochrad Speer Laterne Herberge Krug Kniehose

Morgenrock Umhang Droschke Kerzenschein

Fackel Samurai-Schwert

Donnerbüchse Postkutsche Entermesser Dreizack Zeppelin Grenze telegrafieren

Küchenmagd Pest Gouvernante Pferdekutsche Breitschwert

Henker Dreispitz Dukaten Weber Kaminkehrer Gerber Schultertuch

Straßenhändler Langbogen Tuchhändler Eiland Gedränge Schild Schießpulver Zeitungsjunge Piratenspelunke Galgen

Zuchthaus Federkiel Haube Hutmacher Schuhputzer Schuhflicker

Pfeil und Bogen Spinnerin Waisenhaus Armenhaus Groschen Öllampe Sonnenschirm Wäscherin

Dampflok Säbel Gaslicht Kaiserhof

gepuderte Perücke Pergament Sänfte Sesterz Hufschmied Belagerungsturm Schriftrolle Gewänder

Um herauszufinden, wie das Leben zu der Zeit (und an dem Ort) war, zu der deine Geschichte spielt, musst du gut recherchieren. So vermeidest du auch peinliche Fehler wie z. B. einem Biologen des 19. Jahrhunderts ein Navi für die Suche nach einem verschollenen Schatz mitzugeben.

Wenn man Details aus der Recherche einbaut, fühlt sich die Story gleich viel realer an, andererseits soll auch keine öde Geschichtsstunde daraus werden.

Autorentipp

Scheu dich nicht davor, von historischen Fakten abzuweichen, wenn dadurch eine tolle Story draus wird. Du schreibst schließlich Fiktion und kein Sachbuch.

Historischen Fakten einen neuen Twist zu geben, überrascht die Leser.

Wie wäre es mit einer Roboterarmee, die im Ersten Weltkrieg kämpft?

Inspirationsquelle

Beschreibende Details machen den Lesern deutlich, wann die Geschichte spielt.

Warlords und Räuber zogen wild plündernd und brandschatzend durchs Land. — *ARTHUR, HIGH KING OF BRITAIN* von Michael Morpurgo

Am Anlegeplatz erwarteten uns mehrere Musketiere, die uns zum Palast eskortierten. — *PIRATEN!* von Celia Rees

Es hatte geregnet und auf den Straßen vermischte sich zäher Matsch mit dem Pferdemist. — *ORANGEN, MÖRDER UND EIN BUCH* von Alison Prince

In historischen Romanen drücken sich manche Figuren vielleicht sehr gewählt aus, verwenden also Hochsprache.

„Aber gewiss werden die Speisen von Dienstmädchen aufgetragen. Sie werden Euch während des gesamten Mahls aufwarten."

Andere Personen könnten weniger förmlich sprechen, nämlich in der **Umgangssprache**.
„Na, was gibt's?"

Deine Idee, dein TAGEBUCHROMAN!

Hast du jemals Tagebuch geschrieben oder heimlich in ein fremdes reingespitzt? Tagebuchschreiber berichten nicht nur über ihre kleinen und großen Erlebnisse, sondern auch über ihre Gedanken, Gefühle und Geheimnisse.

Ein Tagebuch führen kann jeder, also überlege, wessen Geschichte du erzählen willst. Was hältst du davon, das Tagebuch einer Figur aus der Mythologie wie z. B. dem Minotaurus zu schreiben oder das Logbuch eines Raumschiff-Kommandanten auf Weltraummission?

Die Sprache des Tagebuchs

Guck mal, ob die Wörter im Netz dir bei deinem Tagebuchroman helfen können.

Lügen • Tatsachen • Feinde • Wünsche • Katastrophen

Probleme • Schule • Kommentare • Emotionen

Highlights • Vergangenheit • Versprechen

Eintrag • ehrlich • Liebes Tagebuch • Memoiren

Zukunft • zu Hause • Freundeskreis

Partys • Schock • Fragen • Chronik • Tag

Pläne • Gedanken • anvertrauen

Gefühle • Date

Peinlichkeiten • Mobber

Ausflug • Geständnisse

Träume

Umgangssprache • Datum • Tagebuch führen

bloggen • Sorgen • Kritzeleien

reisen

Überraschungen

Vertrauen

Ereignisse

Ängste • Hoffnungen

Logbuch • privat • Scrapbook

Geheimnisse

Klatsch und Tratsch

Wahrheit

Rat

Tagebuchromane sind immer in der ersten Person geschrieben. Versuche, deinem Tagebuchschreiber eine ganz eigene Stimme zu verleihen. Wie sieht er die Welt? Düster oder durch die rosarote Brille? Mit welchen Worten würde er sein Leben beschreiben?

Vergiss nicht, du schreibst kein echtes Tagebuch, sondern eine Geschichte, ganz klassisch mit Anfang, Hauptteil und Schluss. Sieh also zu, dass dir nicht mitten im Januar die Puste ausgeht!

INSPIRATIONSQUELLE

Bei Tagebuchromanen kann sich der Erzähler für die Leser sehr real anfühlen.

Erst mal will ich klarstellen, dass das hier meine MEMOIREN sind, kein Tagebuch. Schon klar, auf dem Umschlag steht was anderes, aber als Mom das Ding kaufen ging, hab ich ihr EXTRA gesagt: Keins mit „Tagebuch" drauf! Na toll. Das fehlt mir gerade noch, dass mich irgendein Depp mit diesem Buch erwischt und die falschen Schlüsse zieht.
*— **GREGS TAGEBUCH: VON IDIOTEN UMZINGELT!*** von Jeff Kinney

Kein Fußball, keine PlayStation, keine Glotze, kein gar nichts. Alles, was ich darf, ist Hausaufgaben machen und Zimmer aufräumen. Oder geht's nicht – mal abgesehen von Autowaschen, wozu sie mich ständig zwingen. Für umsonst!
*— **I'M DOUGAL TRUMP ... AND IT'S NOT MY FAULT!*** von Jackie Marchant

ALARM STUFE ROT!

In Tagebuchgeschichten ist man bei der Zeichensetzung recht frei. Mit Großbuchstaben, Ausrufe- und Fragezeichen darf man auch verschwenderisch umgehen!

Ihr glaubt nicht, was heute passiert ist – ich musste schon wieder NACHSITZEN!!!

Autorentipp

Du kannst das Tagebuch ernst oder humorvoll angehen, über das Leben von jemandem heutzutage schreiben oder dich von jahrhundertealten Tagebüchern inspirieren lassen.

Du könntest auch das Tagebuch einer echten historischen Person schreiben, z. B. von Martin Luther, Kaiserin Sissi, …

Oder du schilderst im Tagebuch aus der Sicht eines ganz gewöhnlichen Menschen ein historisches Ereignis wie den Mauerfall.

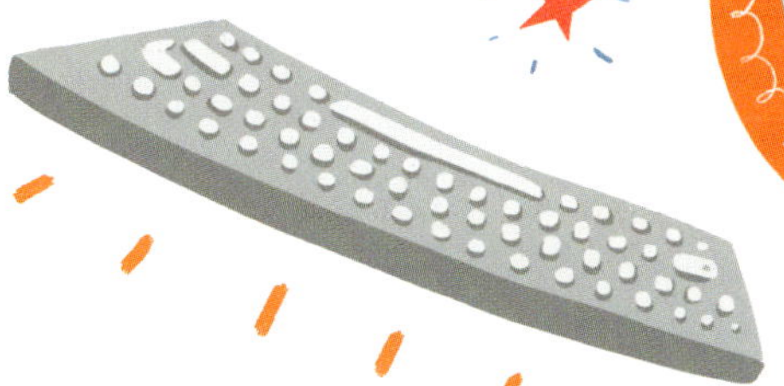

Deine Idee, deine TIERGESCHICHTE!

Von den Abenteuern wilder Tiere bis hin zu kuscheligen Haustiergeschichten: Jedes Tier kann der Star deiner Geschichte werden. Such dir einfach eins aus und überlege, welche besonderen Fähigkeiten es hat.

Vielleicht könntest du dir eine Story über zwei Eichhörnchen ausdenken, die mit ihren akrobatischen Künsten als Kampfsport-Duo für Furore sorgen. Oder du drehst den Spieß um und lässt deine Figur komplett aus der Art schlagen. Wie wäre es mit einer arbeitswütigen Katze oder einem Esel, der jedes Rennpferd abhängt? Du könntest aber auch ein neues Tier erfinden wie den Elefaffen!

Abgefahrenes Tierwissen bringt einen auch oft auf gute Ideen. Wusstest du z. B., dass ein Pandababy bei der Geburt so klein wie eine Maus ist oder dass Flamingos nur kopfüber essen können? Überlege, ob du aus den Fakten, die du rausfindest, eine Geschichte machen könntest.

Die Sprache der Tiere

Mit den Wörtern aus dem Netz kannst du die Tiere in deiner Geschichte beschreiben.

trotten
gesprenkelt
mächtig
stachelig
schnüffeln
wollig
haarig
umkreisen
flink
schleimig
majestätisch
schnappen
anstupsen
schlängeln
hüpfen
tropfnass
picken
stark
fliegen
flaumig
krabbeln
brüten
Junges
pelzig
struppig
ledrig
gestreift
glanzlos
tapsen
glänzend
gefleckt
kraftvoll
galoppieren
umherstreifen
kauern
schleichen
kreisen
robust
schwerfällig
weich
schillernd
traben
gescheckt
sich putzen
wendig
Pfote
herabstoßen
hoppeln
gesträubt
verfilzt
herumtollen
watscheln
springen
schuppig
sich aufschwingen
muskulös
seidig
drahtig
huschen
stampfen
borstig
angeleint
leuchtend
meliert
ablecken
spitz
glatt
flauschig
schweben
glitschig
getigert
funkelnd
hocken
fliehen
kriechen
behände
streunen
segeln
rau

Wenn du echte Tiere beobachtest, kannst du realistischer über sie schreiben. Mach dir Notizen über ihr Verhalten – wie sie sich bewegen, was sie tun – und baue diese beschreibenden Details in deine Geschichte ein.

Nutze alle fünf Sinne, um ihre Welt zu schildern. Wie riecht es für einen Hund in einem Stadtpark, in dem jede Menge los ist? Wie würde es sich für einen Maulwurf anhören, wenn jemand in seinen Gängen rumbuddelt? Solche Überlegungen helfen dir, die Stimme deiner Tierfigur zu finden.

INSPIRATIONSQUELLE

Mit den richtigen Verben kannst du schildern, wie sich ein Tier bewegt und verhält.

Titus wollte nur noch verschwinden und schlich sich zur Wand hinüber. – *TITUS TATZ* von S. F. Said

Auf seinen langen Hinterläufen hoppelte der kleine Hase zu seinen Gefährten. – *UNTEN AM FLUSS* von Richard Adams

Autorentipp

Wenn du den Tieren menschliche Emotionen gibst, können sich die Leser besser mit ihnen identifizieren. Versetze dich in die Tiere hinein: Was fühlen sie wohl in verschiedenen Situationen?

Kollektiva bezeichnen eine ganze Gruppe von Tieren, z. B. einen Bienen**schwarm** oder eine Schaf**herde.** Soll deine Geschichte witzig werden? Dann vertausch die Sammelbegriffe doch mal und schreib von einer Bienenherde und einem Schafschwarm!

Deine Idee, deine SPORTGESCHICHTE!

Ob ein Ausgleichstreffer in allerletzter Minute oder ein Sieg, bei dem es um Sekundenbruchteile geht – bei sportlichen Höhepunkten kochen Action, Spannung und Emotionen hoch, also all die Zutaten, die eine tolle Story ausmachen. Doch im Zentrum jeder guten Geschichte stehen Figuren, mit denen die Leser mitfiebern können.

Überlege dir, was deine Hauptperson erreichen will. Ob nun ein Ersatzstürmer, der auf seine Chance wartet, sich in die Stammelf zu spielen, oder eine junge Kurzstreckenläuferin, die von olympischem Gold träumt: Wenn du deinem Protagonisten ein klares Ziel gibst, hilft dir das beim Plotten.

Die Sprache des Sports

Welche dieser Wörter sind ein Volltreffer für deine Sportgeschichte?

Gegner
Tor
Arena
Stadion
Abpfiff
Verlängerung
Nachspielzeit
Euphorie
Foul
erste Halbzeit
Flitzer
Pokalspiel
Leistungsträger
Platzverweis
Viertelfinale
Hattrick
Halbfinale
Schiedsrichter

Spielbeginn
Ballbesitz
Treffer
Mannschaftskapitän
Taktik
Fans

Anfeuerungsrufe
Highlight
Spielberichtsbogen
Strategie
außerhalb des Spielfelds
jubeln
Ersatzspielerin
Man oder Woman of the Match
Mannschaftskamerad
Spieler
Vorläufe
Kader
Abseits
hauptamtlich
Enttäuschung
Wendepunkt
Pokal
Amateur
zweite Halbzeit
Trainerin
Olympiade
Qualifikationsrunde

Champion
Unentschieden
im Gange sein
Paralympics
Profi
Strafstoß
Kommentator

Sportvokabular wie „Elfmeter“, „Seitenauslinie“ und „dribbeln“ lässt echte Sportatmosphäre aufkommen, aber verzettle dich auf der anderen Seite nicht damit, die Abseitsregel zu erklären!

Der Großteil deiner Geschichte wird sich vermutlich abseits des Spielfeldes zutragen. Konzentriere dich auf Szenen, die den Plot voranbringen – sei es nun ein Streit mit dem Stürmerstar beim Training oder eine Szene mit einem Gangster, der den Manager unter Druck setzt, damit der seine Tochter in die erste Mannschaft hievt.

Autorentipp

Mit der von dir ausgewählten Sportart kannst du verschiedenste Geschichten erzählen – von superwitzigen Komödien bis hin zu actiongeladenen Thrillern.

Oder du erfindest selbst eine Sportart wie Quidditch bei *HARRY POTTER*.

INSPIRATIONSQUELLE

Das Geschehen kann sowohl aus Spieler- als auch aus Zuschauersicht geschildert werden.

In der letzten Spielminute erzielte Arsenal unerwartet und kurios den Ausgleich durch einen Flugkopfball, der zuvor vom Knie des Torwarts abgeprallt war. – FEVER PITCH von Nick Hornby

Ich war ein hoffnungsloser Fall. Attackieren konnte ich einfach nicht. Als ich hochsprang, um zu köpfen, verpasste ich den Ball meilenweit. – ZEIT DES MONDES von David Almond

Wenn du über Fußball schreibst, dann arbeite mit **Verben** wie **dribbeln**, **kicken**, **lupfen**,**schießen**, **antäuschen** und **direkt annehmen**, um das Geschehen anschaulich zu schildern.

Deine Idee, deine SCHULGESCHICHTE!

Es ist vielleicht schwer vorstellbar, wenn man an einem regnerischen Mittwoch aus dem Fenster des Klassenzimmers guckt, aber die Schule hält Inspiration für Tausende toller Geschichten bereit.

Von einer Klasse, die nicht mehr mit Lachen aufhören kann, bis hin zu einer Schule mit Robotern als Lehrer – sieh dich in deiner Schule um und lass deiner Fantasie dann freien Lauf, um auf Ideen zu kommen.

Schulgeschichten müssen gar nicht immer das Schulgebäude als Schauplatz haben. Was hältst du von einem Schulausflug in ein Museum, in dem Dinosaurierskelette zum Leben erwachen, oder von einem Sportfest, bei dem das langsamste Mädchen der Schule alle Laufwettbewerbe gewinnt, weil es Turnschuhe mit Raketenantrieb hat?

Die Sprache der Schule

Welche dieser Wörter eignen sich für deine Schulgeschichte?

Rucksack
Geodreieck
Laptop
Schüler
Zirkel
Bibliothek
Kinder
Test
pennen
Bleistift
Lehrer
Sportunterricht
Freaks
Landkarte
Computer
auswendig lernen
Pause
büffeln
Referat
Brotdose
Ordner
Noten
Hausaufgaben
Bücher
Lineal
Prüfung
Klassenclown
Pult
Schulstunde
Klassenzimmer
Streber
Arbeitsauftrag
Schülersprecher
Mitschüler
Whiteboard
Mobber
Schulleiterin
Buntstifte
Schülersprecherin
Schulrätin
Füller
Mittelstufenparty
Taschenrechner
Federmäppchen
Cafeteria
lernen
Frage
Lesen

Miese Mobber, beste Freunde, durchgeknallte Lehrer – erstelle am besten Charakterprofile für deine Hauptfiguren und überlege dir, was sie jeweils wollen (vielleicht dem Nachsitzen entrinnen oder die Schulräte von den schlimmsten Schülern fernhalten). Wenn zwei Charaktere entgegengesetzte Ziele haben, kann daraus ein Konflikt entstehen, der einen tollen Plot für eine Geschichte abgibt.

Worauf wartest du also? Tritt deine Hausaufgaben in die Tonne und mach dich stattdessen an die beste Schulgeschichte ever!

Bei Ich-Erzählern sehen die Leser die Geschichte immer nur aus einer Perspektive.

Niemand schien mich groß zu beachten, stattdessen schwatzten alle lautstark und kramten in ihren Taschen nach Büchern und Füllern und Bleistiften. — *MALARKEY* von Keith Grey

Eine beste Freundin wie Harpreed hatte ich mir immer gewünscht. Wir saßen in der Klasse nebeneinander und halfen uns immer gegenseitig. — *LOLA ROSE* von Jacqueline Wilson

Autorentipp

Führ doch mal Tagebuch darüber, was bei dir in der Schule so los ist, vielleicht inspiriert dich das ja zu einer tollen Geschichte. Aber vergiss nicht, die Namen zu ändern.

Schule kann als Setting für die verschiedensten Geschichten dienen.

Action, Abenteuer, Komödie, Liebe – deiner Fantasie sind keine Grenzen gesetzt!

Eine Hyperbel ist eine bewusste Übertreibung, die nicht wörtlich zu nehmen ist. Damit könntest du in deiner Schulstory für Lacher sorgen.

Meine Hausaufgaben stapeln sich kilometerhoch.

Heute war es so kalt in der Schule, dass ein Eisbär auf dem Pausenhof rumlief.

Victoria Ward hing ein Popel von der Größe Australiens aus der Nase.

Deine Idee, dein THRILLER!

Bei einem Thriller lauert hinter jeder Ecke eine Gefahr und deine Hauptperson befindet sich in einem Wettlauf gegen die Zeit, um die Dinge wieder ins Lot zu bringen. Von der Suche nach einem gekidnappten Hamster bis hin zu einem Jungen auf der Flucht vor einem mysteriösen Gegner – hier werden die Leser auf eine Achterbahnfahrt voll Nervenkitzel und Angst geschickt.

Versuche also, in jeder Szene Spannung aufzubauen, z. B. mit Details, die ein mulmiges Gefühl heraufbeschwören, wie einem Schatten, der über den Rücken deines Helden fällt, oder dem unvermittelten Klingeln eines Handys in einer gestohlenen Jacke.

Die Sprache des Thrillers

Kannst du etwas von diesem spannenden Vokabular in deine Story einbauen?

Lösegeld • Agenten • unschuldige Opfer • schleichen • Gefangenschaft • erbeuten • Angst • kidnappen • Verfolgungsjagd • Rätsel • Problem • Kriminelle • Ermittlung • Bedrohung • Mission • Gefangene • attackieren • Schurke • Bombe • Waffe • Mord • Sabotage • Feind • Überwachung • Action • Flucht • skrupellos • Gefahr • Schatten • Pistole • Verwechslung • Polizei • Rache • kriechen • observieren • Terroristen • Attentäter • Verbrechen • kämpfen • Verschwörung

Unerwartete Wendungen lassen die Leser im Dunkeln tappen, was als Nächstes geschieht. Mach dir eine Liste mit fünf überraschenden Dingen, die in deiner Geschichte passieren könnten, baue aber stets Hinweise auf jede Wendung ein, sodass richtig gute Beobachter schon so eine Ahnung haben, ehe du die Bombe platzen lässt.

Wichtig ist, das Tempo hochzuhalten, während die Uhr tickt – das erzeugt Spannung. Wird die Hauptfigur die Gefahr noch rechtzeitig abwenden oder läuft ihr die Zeit davon?

INSPIRATIONSQUELLE

Gedanken und Gefühle der Hauptfigur zu schildern, sorgt für noch mehr Spannung.

Jeder Muskel schrie danach, aufzuhören, aufzugeben. Einzig sein Wille trieb ihn weiter. – *ON THE EDGE* von Gillian Cross

Hastig warf Katie einen Blick hinter sich. Sie würde sie niemals abhängen. – *RUN, ZAN, RUN* von Cathy MacPhail

Pronomen sind Wörter wie **ich, du, er, sie, es, wir, ihr, dieser, diese, dieses**, mit denen man Nomen und Nominalphrasen ersetzt, um Wiederholungen zu vermeiden. Mit ihrer Hilfe lässt sich die Handlung dennoch klar und unmissverständlich schildern.

Zoe und ich schlichen uns in den Sicherheitsbereich. Sie hatte einen Ausweis dafür, ich nicht. Die Wachleute verfolgten uns. Wir konnten sie nicht abschütteln.

Autorentipp

Konzentriere dich auf die wichtigen Geschehnisse. Steige so spät es geht in die Szenen ein und so früh wie möglich wieder aus. So hältst du das Tempo hoch.

Wirf alle Szenen raus, die die Handlung nicht voranbringen.

Denk dir ein Mörder-Ende aus, aber kill deinen Helden nicht, wenn du eine Fortsetzung planst!

Deine Idee, dein SKRIPT!

Ob Science-Fiction-Film oder Theaterstück à la Shakespeare, Superhelden-Comic oder TV-Krimiserie – um deine Ideen zum Leben zu erwecken, musst du ein Skript oder Drehbuch schreiben.

Die zwei wichtigsten Dinge, die da hineinmüssen, sind:

- **Dialog** – was die Figuren in deiner Geschichte sagen.
- **Handlung** – was die Figuren tun oder was mit ihnen geschieht.

Beim Skriptschreiben gelten spezielle Regeln. Die Beschreibung wird z. B. extrem knapp gehalten und nur kurz notiert, was die Zuschauer sehen und hören sollen.

Die Sprache von Drehbüchern und Skripts

Welche besonderen Features muss dein Skript haben? Manche Elemente kommen in allen Arten von Skripten vor, andere wie Bildfelder (sogenannte Panels), Sprech- und Gedankenblasen gibt es nur in Comic-Skripts.

Figuren

Szenen

Beschreibung

Textkästchen

Regieanweisungen

Cast

Ortsangaben

Soundeffekte

Dialoge

Handlung

Panels

Kulisse

Spezialeffekte

Sprechblase

Stimme aus dem Off

Gedankenblase

Akt

Um ein Skript zu schreiben, muss man seine Geschichte in Szenen einteilen. Bei jedem Ortswechsel oder Zeitsprung beginnt eine neue Szene.

Auch Skripts haben natürlich Anfang, Hauptteil und Schluss. Egal, ob es sich bei Letzterem nun um das furiose Finale eines Blockbusters oder den offenen Ausgang einer Fernsehsendung handelt, wichtig ist, das Publikum bis zur letzten Szene gut zu unterhalten.

INSPIRATIONSQUELLE

Bei Skripts werden die Namen der Figuren in Großbuchstaben geschrieben und die Regieanweisungen in Klammern gesetzt.

„Geist der zukünftigen Weihnacht“, rief er, „dich fürchte ich mehr als die Geister, die ich schon sah.“ – ***EINE WEIHNACHTSGESCHICHTE*** von Charles Dickens

SCROOGE: (schreiend) Geist der zukünftigen Weihnacht, dich fürchte ich mehr als die Geister, die ich schon sah.
– ***DREHBUCHVERSION***

Autorentipp

Wenn du ein Drehbuch für einen Film oder eine Fernsehsendung schreiben willst, dann unbedingt am Computer in Schriftgröße 12 pt. Überlege, wie lange der Film werden soll.

Eine DIN-A4-Seite entspricht etwa einer Minute Film. Ein 60-seitiges Skript ergibt also eine Stunde.

Wörtliche Rede gibt Wort für Wort wieder, was jemand sagt. Normalerweise ist sie durch Anführungszeichen markiert, aber bei Drehbüchern und Skripts wird sie vom Namen der Figur und einem Doppelpunkt eingeleitet.

Bei der **indirekten Rede** berichtet eine Person, was jemand anders gesagt hat, ohne den exakten Wortlaut wiederzugeben.

Im Drehbuch kann man Lesern durch **indirekte Rede** Infos über Gespräche zukommen lassen, die nicht szenisch gezeigt wurden.

Deine Idee, dein GENREMIX!

Von verliebten Zombies mit hippen Beanies bis hin zu Dinos, die mit einem Raumschiff durchs All fliegen – bei einem Genremix sind der Fantasie keine Grenzen gesetzt.

Vermische einfach verschiedene Genres und schau, was Cooles dabei rauskommt. Wie wäre es mit einem Science-Fiction-Krimi, einer Abenteuer-Action-Komödie oder einer Agenten-Lovestory? Denk an die typischen Zutaten der verschiedenen Genres, die du zusammenbringst – also was Plot, Figuren und Setting anbelangt – und such dir davon aus, was perfekt zu deiner Geschichte passt.

Die Sprache des Genremix

Mixe die verschiedenen Genres und Themen unten zu einer originellen Story!

Eine weitere witzige Möglichkeit, sich einen Plot für eine bunte Mischung auszudenken, besteht darin, Figuren aus unterschiedlichen Büchern, Filmen oder Fernsehsendungen durcheinanderzuwürfeln. Beispielsweise könnte sich Sherlock Holmes mit Rotkäppchen zusammentun, um ***DAS GEHEIMNIS DER GROSSMUTTER MIT DEN RIESENZÄHNEN*** zu lüften!

Wenn man sich Personen aus dem einen Genre „ausleiht“ und sie in ein Setting aus einer komplett anderen Gattung wirft, ergibt das ebenfalls oft eine interessante Story. Was hältst du von einer Geschichte, die an der Tolkien Highschool für Helden spielt, wo die Schüler Unterricht im Drachentöten oder Prinzessinnenretten haben?

Viel Spaß beim Kreativwerden!

Autorentipp

Wenn man verschiedene Zutaten aus Büchern, Filmen, dem Fernsehen und Videospielen mixt, können tolle neue Storys entstehen.

INSPIRATIONSQUELLE

Welche dieser bunten Mischungen würdest du gerne lesen?

Insgeheim hatte Jilly schon immer gedacht, dass es wundervoll wäre, einen Drachen als Haustier zu haben. – ***DRAGON RIDE*** von Helen Cresswell

Signora Strega-Borgia verabschiedete sich tränenreich von den Kindern und machte sich auf, um ihr Diplom in Hoher Hexenkunst zu erwerben. – ***VOLL FIES VERZAUBERT*** von Debi Gliori

„Das liegt doch auf der Hand, meine Gute“, sagte Holmes lächelnd. „Wie ich sehe, hast du einen Korb mit Kuchen dabei – das ideale Mitbringsel für kranke Omas. Die Spuren auf deiner roten Jacke legen jedoch die Vermutung nahe, dass du kürzlich eine unschöne Begegnung mit einem Wolf hattest.“ – ***DAS GEHEIMNIS DER GROSSMUTTER MIT DEN RIESENZÄHNEN***

Eine **Parodie** ist eine Geschichte, die eine andere übertrieben nachahmt, um sich darüber lustig zu machen. Im Prinzip lässt sich alles parodieren. Wie könntest du Figuren, Setting und Plot verändern, um die Leser zum Lachen zu bringen?

GESCHAFFT!

Glückwunsch! Wenn du auf dieser Seite angekommen bist, bist du vermutlich mit deiner ersten eigenen Geschichte fertig. Doch sobald deine Leser damit durch sind, wollen sie sicher mehr! Woran machst du dich also als Nächstes?

Gute Schriftsteller halten jedenfalls immer die Augen nach neuen Ideen offen. Tolle Bücher von großen Autoren geben z. B. eine prima Inspirationsquelle ab. Such dir von diesen fantastischen Einstiegssätzen einen aus, um dich zu einer eigenen Geschichte inspirieren zu lassen.

Wenn es früh um drei an der Tür klingelt, hat das selten was Gutes zu bedeuten. — **ALEX RIDER: STORMBREAKER** von Anthony Horowitz

Die Insel Gont, ein einziger Berg, der seinen Gipfel eine Meile aus der sturmgepeitschten Nordostsee reckt, ist als Land der Magier bekannt. — **DER MAGIER VON ERDSEE** von Ursula K. Le Guin

Kinder entführen ist nie eine gute Idee. Trotzdem geht es manchmal nicht anders. — **DAS GEHEIMNIS DER VERBORGENEN INSEL** von Eva Ibbotson

Da war eine Hand in der Finsternis – mit einem Messer. — **DAS GRAVEYARD BUCH** von Neil Gaiman

Mütter und Väter sind komisch. Ihr Kind kann noch so ein widerwärtiges kleines Ekelpaket sein, sie finden es trotzdem schlichtweg wundervoll. — **MATILDA** von Roald Dahl

Johnny verstand nie ganz, warum er plötzlich die Toten sehen konnte. — **NUR DU KANNST SIE VERSTEHEN** von Terry Pratchett

Meine Familie verbringt jeden Urlaub in einem Wohnwagen am Meer. Zum Schlafen quetschen wir uns in einen Raum von der Größe eines Kofferraums und machen immer das Fenster schön weit auf. Wenn ihr Brüder habt, wisst ihr, warum. – **TIM UND DAS GEHEIMNIS VON CAPTAIN CROW** von Eoin Colfer

Das hier schreibe ich, während ich in der Küchenspüle sitze. – **MEIN SOMMERSCHLOSS** von Dodie Smith

In einem Loch im Boden lebte ein Hobbit. – **DER KLEINE HOBBIT** von J. R. R. Tolkien

Wie fünf Krähen es geschafft hatten, ein zehn Kilo schweres Baby in die Luft zu heben, konnte Prue sich nicht erklären – allerdings war das ihre geringste Sorge. – **WILDWOOD** von Colin Meloy

Das nennt sich zwar Camp Green Lake hier, aber einen See gibt es weit und breit nicht. – **LÖCHER** von Louis Sachar

Was auch immer das war – es konnte erst ein paar Stunden tot sein. – **THE FEARFUL** von Keith Gray

Manchmal passiert etwas ohne jede Vorwarnung. – **CHRONIK DER DUNKLEN WÄLDER: BLUTSBRUDER** von Michelle Paver

Es bestand kein Zweifel: Das hinter dem Klettergerüst war ein Fuchs. Und er beobachtete sie. – **UN LON DUN** von China Mieville

Er erwachte von einem Klopfen am Fenster. – **A DOG SO SMALL** von Philippa Pearce

Es herrschte Dämmerung, Winterdämmerung. – **WÖLFE UMS SCHLOSS** von Joan Aiken

Autorentipp

Wenn dir mal nichts einfallen will, kann Lesen deine Fantasie beflügeln. Halt die Augen offen – die zündende Idee für eine neue Geschichte kann von ÜBERALL herkommen.

Welche Idee du auch umsetzt, schreib weiterhin tolle Storys, die wiederum deine Leser inspirieren!

STICHWORTVERZEICHNIS

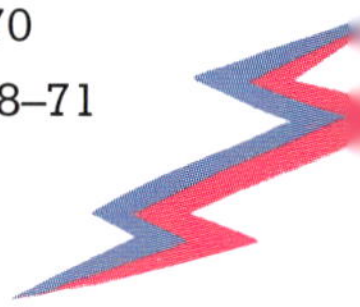

Quellennachweis

S. 9, 66 Edge, Christopher: *Twelve Minutes to Midnight.* London: Pearson 2013. **S. 12** Hoffman, Mary: *Stravaganza. City of Masks.* London: Bloomsbury 2002. **S. 12** Barrie, J. M.: *Peter and Wendy.* London: Hodder & Stoughton 1911. **S. 16, 32** Reeve, Philip: *Mortal Engines.* New York Scholastic 2002. **S. 16** Rowling, J. K.: *Harry Potter and the Prisoner of Azkaban.* London: Bloomsbury 2015. **S. 20** Magorian, Michelle: *Goodnight Mr Tom.* London: Puffin 2015. **S. 20** MacPhail, Catherine: *Granny Nothing.* London: Scholastic 2003. **S. 20** Bertagna, Julie: *The Opposite of Chocolate.* London: Picador 2003. **S. 21** Ogilvy, Ian: *Measle and the Slitherghoul.* Oxford: OUP 2006. **S. 24** Murphy, Jill: *The Worst Witch.* London: Puffin 2014. **S. 24** Dahl, Roald: *James and the Giant Peach.* London: Puffin 2016. **S. 28** Cabot, Meg: *The Princess Diaries* Volume 1. London: Macmillan Children's 2001. **S. 32** Ness, Patrick: *The Knife of Never Letting Go* London: Walker 2014. **S. 32** Snicket, Lemony: *A Series of Unfortunate Events. The Bad Beginning.* London: Egmont 2001. **S. 36, 86, 124** Horowitz, Anthony: *Stormbreaker.* London: Walker 2015. **S. 36** Cowell, Cressidea: *How to be a Pirate.* London: Hodder Children's Books 2014. **S. 40** Snicket, Lemony: *A Series of Unfortunate Events: The Hostile Hospital.* London: Egmont 2003. **S. 40** Rowling, J. K.: *Harry Potter and the Chamber of Secrets.* London: Bloomsbury 2015. **S. 40** Moray Williams, Ursula: *Gobbolino, The Witch's Cat.* London: Macmillan Children's Books 2014. **S. 44** Funke, Cornelia: *Drachenreiter.* Hamburg: Dressler 2016. **S.48** Hoeye, Michael: *Time Stops for No Mouse.* London: Puffin 2003. **S. 48** Garner, Alan: *The Weirdstone of Brinsingamen.* London: HarperCollins 1960. **S. 52** Zusak, Markus: *The Book Thief.* London: Bodley Head 2007. **S. 52** Rowling, J. K.: *Harry Potter and the Deathly Hallows.* London: Bloomsbury 2015. **S. 52** Downham, Jenny: *Before I Die.* Oxford: David Fickling 2010. **S. 62** Riordan, Rick: *Percy Jackson and the Lightning Thief.* London: Puffin 2005. **S. 66** Christie, Agatha: *The Mysterious Affair at Styles.* London: HarperCollins 2013. **S. 70, 90** Pullman, Philip: *The Amber Spyglass.* London: Scholastic 2008. **S. 70** Breslin, Theresa: *Whispers in the Graveyard.* London: Egmont 2016. **S. 74** Dahl, Roald: *The Twits.* London: Puffin 2010. Dahl, Roald: *Matilda.* London: Puffin 2013. Dahl, Roald: *James and the Giant Peach.* London: Puffin 2016. **S. 78** Stewart, Paul und Riddell, Chris: *Beyond the Deepwoods. The Edge Chronicles.* London: Corgi 2014. **S. 78, 124** Le Guin, Ursula K.: *A Wizard of Earthsea.* London: Penguin 2012. **S. 82** Lewis, C. S.: *Out of the Silent Planet.* London: Voyager, HarperCollins 2000. **S. 82** Lore, Pittacus: *I Am Number Four.* London: Penguin, Michael Joseph 2012. **S. 86** Colfer, Eoin: *Artemis Fowl*, Book 1. London: Puffin 2011. **S. 90** Cabot, Meg: *The Princess Diaries*, Volume 1. London: Macmillan Children's Books 2001. **S. 94** Morpurgo, Michael: *Arthur, High King of Britain.* London: Egmont 2013. **S. 94** Rees, Celia: *Pirates!* London: Bloomsbury 2003. **S. 94** Prince, Alison: *Oranges and Murder.* Oxford: OUP 2002. **S. 98** Kinney, Jeff: *The Diary of A Wimpy Kid,* Book 1. London: Puffin 2008. **S. 98** Marchant, Jackie: *Dougal Daley: It's Not My Fault!* London: Wacky Bee Books 2017. **S. 102** Said, S. F.: *Varjak Paw.* Oxford: David Fickling Books 2003. **S. 102** Adams, Richard: *Watership Down.* London: Puffin 2013. **S. 106** Hornby, Nick: *Fever Pitch.* London: Penguin 2012. **S. 106** Almond, David: *Skellig.* London: Hodder Children's Books 2013. **S. 110** Gray, Keith: *Malarkey.* London: Red Fox 2003. **S. 110** Wilson, Jacqueline: *Lola Rose.* London: Corgi 2003. **S. 114** Cross, Gillian: *On the Edge.* Oxford: OUP 1984. **S. 114** MacPhail, Catherine: *Run Zan, Run.* London: Bloomsbury 2011. **S. 122** Cresswell, Helen: *Dragon Ride.* London: Puffin1999. **S. 122** Gliori, Debi: *Pure Dead Magic*. London: Corgi 2001. **S. 124** Ibbotson, Eva: *The Island of the Aunts.* London: Puffin 2001. **S. 124** Gaiman, Neil: *The Graveyard Book.* London: Bloomsbury 2008. **S. 124** Dahl, Roald: *Matilda.* London: Puffin 2013. **S. 124** Pratchett, Terry: *Johnny and the Dead.* London: Corgi 1994. **S. 125** Colfer, Eoin: *The Legend of Captain Crow's Teeth.* London: Puffin 2006. **S. 125** Tolkien, J. R. R.: *The Hobbit. Or There and Back Again.* London: HarperCollins 1995. **S. 125** Smith, Dodie: *I Capture the Castle.* London: Penguin 2016. **S. 125** Sachar, Louis: *Holes.* London: Bloomsbury 2015. **S. 125** Meloy, Colin: *Wildwood.* Edinburgh: Canongate 2012. **S. 125** Gray, Keith: *The Fearful.* London: Bodley Head 2005. **S. 125** Paver, Michelle: *Oath Breaker.* London: Orion Children's Books 2008. **S. 125** Mieville, China: *Un Lun Dun.* London: Macmillan 2007. **S. 125** Pearce, Philippa: *A Dog So Small.* London: Puffin 2012. **S. 125** Aiken, Joan: *The Wolves of Willoughby Chase.* London: Red Fox 2004.